AF619685

BIBLIOTHEQUE
DE
CAMPAGNE.

Ce Volume contient :

Contes traduits de l'Anglois.

Mémoires de Saint-Vincent, ou le Début.

BIBLIOTHEQUE DE CAMPAGNE,

OU

LES AMUSEMENS DU CŒUR ET DE L'ESPRIT.

TOME II.

A AMSTERDAM,

Et se trouve

A PARIS,

Chez la Veuve DUCHESNE, Libraire, rue S. Jacques, au Temple du Goût.

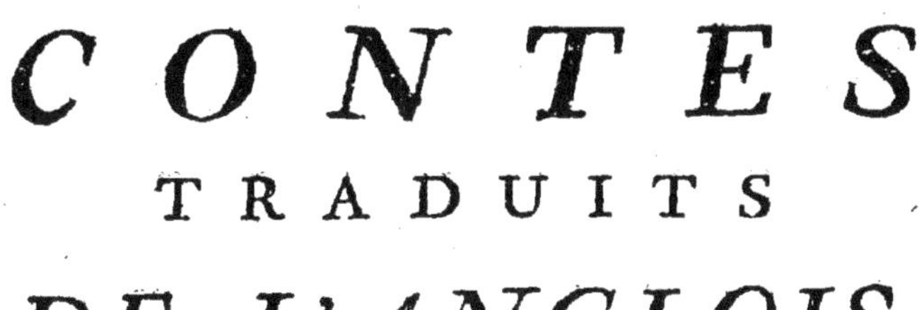

CONTES TRADUITS DE L'ANGLOIS.

PREMIERE PARTIE.

A LONDRES;

Et se trouve à Paris,

Chez
La Veuve DUCHESNE, rue Saint Jacques, au Temple du Goût;
MÉRIGOT le jeune, quai des Augustins, au coin de la rue Pavée;
ESPRIT, au Palais Royal.

M. DCC. LXXIV.

TABLE

De ce qui eſt contenu dans la premiere Partie.

Fin de la Table de la premiere Partie.

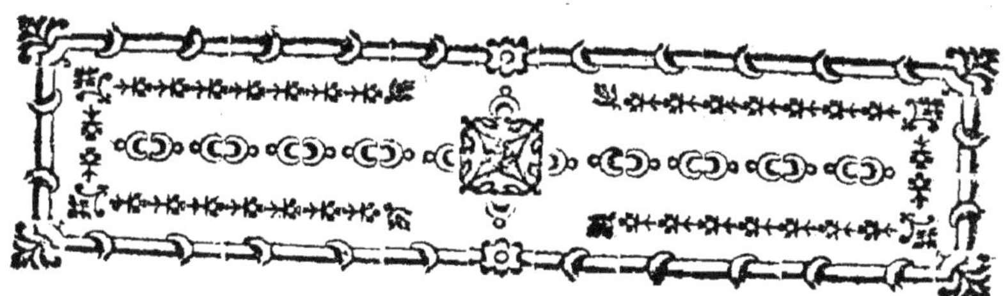

PRÉFACE

DU TRADUCTEUR.

LA plus grande partie de ce Recueil eſt tirée d'un Ouvrage périodique Anglois intitulé : l'AVENTURIER, *THE ADVENTURER.* L'Auteur dit, dans un de ſes derniers Diſcours, qu'il ne regrette pas le temps qu'il a mis à compoſer ces petites Pieces, parce que, ſi le monde n'en eſt pas devenu ſenſiblement meilleur, il penſe du moins qu'elles ont excité pour l'inſtant de bons mouvemens dans pluſieurs de ſes Lecteurs. J'ai cru qu'elles produiroient le même effet en France, & c'est ce qui m'engage à les donner en notre langue. Je ne me flatte pas qu'elles aient chez nous plus de suites pour la réformation des mœurs qu'elles n'en ont eu dans leur pays natal; mais c'est toujours un bien que de faire éprouver aux hommes des sentimens passagers de haîne pour le vice, & d'amour pour la vertu. Et plût à Dieu que tous les Auteurs qui ont du talent travaillassent dans cette vue! Ces salutaires impressions, à force de se répéter, formeroient une disposition habituelle dans ceux qui lisent avec une ame sensible; & l'influence qu'elles auroient sur leur conduite, s'étendroit, par la force de l'exemple, jusqu'à la multitude qui ne lit point. C'eſt ainſi que les Livres pourroient opérer, dans l'eſpace d'une génération à l'autre, des changemens favorables dans la Société, & particulierement dans l'état des gens de Lettres; car s'ils ſe propoſoient pour but, non l'utilité de contrebande que leur intérêt ou leur vanité peuvent tirer des autres, mais les avantages réels que les autres devroient naturellement tirer d'eux, leur condition ſeroit peut-être la plus digne d'envie, par la conſidération & la tranquillité qui y ſeroient attachées, & ſur-tout par le plaiſir ſolide, noble & touchant, de contribuer à répandre le bonheur & la vertu.

Je ne m'excuſerai point d'avoir

ajouté, retranché, modifié divers endroits dans ces Contes. C'eſt une liberté qui ne fait tort à perſonne, & je ſais des gens à qui elle fera plaiſir.

CONTES,

TRADUITS DE L'ANGLOIS.

HISTOIRE

D'EUGÉNIO, OU LE TRIOMPHE DE LA VERTU sur le faux point-d'honneur.

LA néceſſité de pourſuivre la réparation d'une injure par le duel, eſt peut-être la plus forte preuve que toutes les paſſions le cedent à la crainte du mépris des hommes, & que, de tous les principes qui nous remuent, il n'y en a point de plus puiſſant, puiſqu'il l'emporte ſur toutes ſortes de conſidérations divines & humaines.

Ce principe qui, bien dirigé, produit des effets ſi avantageux à la ſociété, ſeroit ſeul capable de la détruire, ſi dans ſon déreglement il avoit toute l'activité qu'il pourroit avoir; car il eſt évident qu'une ſociété où l'on croiroit que chacun, pour être brave, doit ſe faire juſtice par lui-même, & où l'on agiroit en conſéquence, ne ſubſiſteroit pas un moment.

Auſſi le Légiſlateur, le Prédicateur & le Moraliſte, ſe ſont élevés avec la plus grande force contre une coutume que nous tenons de l'état de ſauvage, & qui nous y feroit rentrer; contre un préjugé qui porte tout de ſuite aux dernieres extrémités, & aux plus effroyables conſéquences un différend, une vivacité, un emportement paſſager qu'on auroit oublié le lendemain; qui met tellement le galant-homme, l'homme vertueux & utile, à la merci du premier étourdi portant l'épée, qu'il vaudroit mille fois mieux être attaqué par un voleur de grand chemin que d'eſſuyer un mauvais propos de la part d'un faquin ou d'un fou, qui ne mérite aucune considération & qui n'a rien à perdre; qui, prenant la place de l'animosité & du ressentiment qu'on n'a pas, force les amis même à des procédés qu'on ne pardonneroit point à la fureur de la frénesie; qui pousse presque irrésistiblement des Citoyens, jusques-là religieux observateurs de la loi, & qui donneroient leur vie pour lui rester fideles, à exposer cette même vie pour se rendre prévaricateurs de la plus sacrée & de la plus nécessaire de toutes les loix; enfin, qui condamne des gens innocens ou même qui ont bien mérité de la Patrie, à faire l'office de gladiateurs pour la satisfaction du Public, espece d'idole ou de divinité cruelle & mal-avisée qui, au-lieu de ménager le sang de ses adorateurs pour le besoin, semble en cette occasion le prodiguer pour son caprice, & à qui tous les efforts de la raison & de la religion n'ont pu soustraire plus de victimes humaines que la superstition n'en a peut-être jamais immolé.

Je ne doute pas qu'avec le tems les esprits ne reviennent entierement de cette étrange manie, quoiqu'il ait fallu des siecles pour l'affoiblir, parce que, toute absurde qu'elle est, elle tient d'un côté au mépris que nous faisons naturellement des lâches, & de l'autre, à la plus invincible passion du cœur humain, qui ne peut supporter l'idée de l'infamie. Un jour viendra où, malgré l'équivoque des motifs, le refus de se battre sera interprété par la loi qui défend les combats singuliers, & non par la malignité qui empoisonne tout. La raison, qui gagne insensiblement du terrein, changera enfin le regne de l'opinion, & achevera de briser le sceptre de fer avec lequel elle exerce encore la plus monstrueuse de toutes les tyrannies. On ne regardera plus comme une lâcheté de ne pas vouloir tirer de sang-froid une vengeance sanguinaire des offenses qu'on a reçues, lorſqu'en elles-mêmes elles n'ont rien qui approche d'un attentat contre la vie, ou qui puiſſe cauſer aucun pré-judice réel à la réputation de l'offenſé : on ceſſera d'attacher l'honneur au crime, & le public n'exigera plus d'un honnête-homme qu'il commette une action déteſtable ſous peine d'encourir ſa diſgrace.

Si l'Hiſtoire ſuivante parvenoit aux tems qui ſuivront l'accompliſſement de cette heureuſe révolution, elle perdroit, non-ſeulement ſon intérêt, mais ſa vraiſemblance ; car nos neveux auront peine à comprendre que, ſur un article auſſi capital & auſſi clair, notre ſiecle, qui ſe glorifie tant de ſes lumieres & de ſa politeſſe, ait été encore ſi éloigné du ſens commun, que, pour y revenir & y conformer ſa conduite, un particulier eût beſoin d'un effort de vertu que ſes contemporains regardoient comme héroïque & preſque incroyable.

Quoi qu'il en puiſſe être, voici l'Hiſtoire telle qu'elle eſt dans l'Auteur Anglois.

Orgilio, pere d'Eugénio, n'avoit d'autres principes que ceux d'un homme d'honneur, & il étoit également étranger aux vices & aux vertus incompatibles avec ce caractere. Son goût pour les plaiſirs & la dépenſe n'étant pas réglé par une économie ſage, il conſuma la plus grande partie de ſon patrimoine qui, de deux mille livres ſterling de rente, fut réduit par degrés à cinq-cents. Outre ſon fils Eugénio, il avoit une fille, & tous les deux étoient encore en bas âge quand ils perdirent leur mere. Son frere puîné, qui avoit fait une fortune conſidérable dans le commerce, vécut garçon & ſe retira à la campagne. Comme il ſavoit qu'Orgilio avoit dérangé ſes affaires, il ſe chargea de l'éducation de ſon neveu; il le mit d'abord aux Ecoles de Weſtminſter, & au bout de quelques années à l'Univerſité, où il eut ſoin de lui fournir un entretien très-honnête.

Quoique Eugénio fût d'un tempérament vif & pétulant, il eut toujours un goût décidé pour les Belles-Lettres, & il s'attacha insensiblement à la vie de Collége. Son appartement touchoit au mien, & notre connoissance s'éleva bientôt au grade de l'amitié. Je lui trouvois un fond inépuisable de bienveillance, avec des sentimens d'honneur & de générosité que je croyois n'exister que dans les Romans. Il fut d'abord un peu sceptique sur l'article de la Religion. Exempt des vices qu'elle réprouve, il avoit moins d'intérêt à la rejetter qu'à l'embrasser; aussi n'eut-il pas de peine à s'y rendre. Mais, au-lieu d'entrer dans les chicanes & les subtilités de la controverse, il eut le bon sens de s'en tenir uniquement & inviolablement aux préceptes qui réglent notre vie présente, & aux promesses qui nous en font espérer une meilleure. Son ardeur, sa constance, sa générosité, son honneur même, fortifiés & exaltés par ce nouveau principe, il agit désormais par des vues plus ſublimes & plus étendues, & ſur un plan plus parfait. Je le regardois comme mon modele, & chaque jour ſembloit reſſerrer davantage les nœuds de notre amitié. Mais après deux ans de ſéjour au Collége, il reçut ordre de ſon pere d'aller ſur le champ le joindre à la ville pour remplir une Commiſſion de Capitaine qu'il étoit ravi de lui avoir enfin obtenue; car il avoit toujours deſiré vivement d'en faire un homme d'épée. Par le même ordinaire il reçut une Lettre de ſon oncle qui le preſſoit fortement de reſter au Collége, promettant, à cette condition, de lui laiſſer tout ſon bien. Il condamnoit ſans ménagement le projet de ſon frere, & ſe plaignoit amerement qu'il ne l'eût pas conſulté. Dans cette fâcheuſe alternative, Eugénio n'héſita point. Quoiqu'il eût mieux aimé le Collége & l'état eccléſiaſtique que j'avois pris, quoiqu'il fût d'ailleurs très-intéreſſé à ne pas déſobliger ſon oncle, il obéit à ſon pere & partit ſans replique.

A ſon arrivée il trouva que la conteſtation avoit été pouſſée fort loin, à ſon ſujet, entre ſon pere & ſon oncle. Ce dernier, n'ayant pu rien gagner ſur l'eſprit du pere, avoit écrit au fils pour derniere tentative; & n'étant pas plus content de ſa réponſe, il le taxa de folie & d'ingratitude. Peu de tems après il mourut d'une chûte de cheval; &, à ſa mort, on trouva que dans la chaleur de ſon reſſentiment il avoit légué toute ſa fortune à un parent fort éloigné qui demeuroit en Irlande, & qu'il n'avoit jamais vu.

Eugénio ſe conſola de cette perte, par la réflexion qu'il ne s'y étoit exposé que pour obéir à ſon pere; & quoiqu'il ſe vît fruſtré par-là de prétentions auſſi conſidérables que légitimes, il ne lui échappa jamais de plainte ni de reproche.

Orgilio, dès ſon enfance, étoit lié avec Agreſtis, homme dont l'humeur & les principes étoient fort différens des ſiens. Agreſtis avoit des notions exactes du juſte & de l'injuſte, par leſquelles il se gouvernoit sans aucun égard à l'opinion des autres. D'une probité inflexible & à toute épreuve, d'un caractere franc & ouvert, il détestoit tout ce qui avoit l'apparence de mauvaise foi. Il étoit extrêmement jaloux de son autorité; & l'on voyoit dans ses manieres une simplicité grossiere ou une certaine rudesse à laquelle plusieurs circonstances de sa vie n'avoient pas peu contribué. Son pere lui avoit laissé deux mille livres sterling de rente; mais, l'esprit d'épargne qui les avoit amassés ayant présidé à son éducation, il n'étoit ni poli ni lettré. Il épousa une femme qui seroit venue à bout, avec le tems, de polir un diamant brute; mais elle mourut l'année même de leur mariage, laissant une fille à laquelle il donna le nom d'Amélie, & sur laquelle il transporta toutes ses affections. Il continua de vivre ainsi dans son particulier; & comme il n'étoit environné que de domestiques ou de gens qui dépendoient de lui, il se laissoit aller à toutes les bizarreries de ſon humeur. Il ne connoiſſoit pas cette complaiſance qui devient inſenſiblement habitude dans ceux qui fréquentent des perſonnes auxquelles ils ſont intéreſſés à plaire, & dont la préſence eſt un frein perpétuel contre ces irrégularités & ces ſaillies d'humeur qui, en affichant une ſupériorité que les autres ne voudroient pas reconnoître, ne s'attireroient que leur mépris. Sa fille, déjà grande, ſe prêtoit à toutes ſes originalités, tant par attachement que par devoir. Comme il ſentoit avec regret le défaut de ſon éducation, il ne négligea rien pour celle de ſa fille, & j'avoue que c'eſt le caractere le plus accompli que j'aie vu. Elle obéit en tout avec joie. L'amour qu'elle a pour ſon pere eſt auſſi tendre qu'actif, & ne cherche jamais à ſe faire valoir. Ses regards expriment toute la douceur & la ſenſibilité imaginables, & ſes manieres ont une dignité naturelle qui imprime le reſpect.

La liaiſon des deux peres occaſionna entre leurs filles une amitié tendre qui commença dès leur enfance, & s'accrût avec l'âge.

Deux caracteres tels que ceux d'Amélie & d'Eugénio, ne pouvoient se connoître sans s'estimer mutuellement. De l'estime à l'amour, entre personnes de différent sexe, le passage est souvent imperceptible, & peut-être qu'il se fit dans ces deux jeunes cœurs longtems avant qu'ils s'en doutassent. Lorsqu'Eugénio revint de l'Université, Amélie avoit environ dix-huit ans. Sa taille & sa beauté ayant fait de grands progrès durant cet intervalle, l'impression qu'elle fit sur Eugénio, & celle qu'Eugénio fit sur elle, augmenta sensiblement. Il avoit trop de discernement pour ne pas voir qu'il en étoit aimé, & trop de générosité pour ne pas lui cacher un amour qui ne s'accordoit pas avec l'inégalité de leurs fortunes. Il réfléchissoit, tantôt avec plaisir, tantôt avec regret, sur la préférence qu'elle lui donnoit. Tandis qu'ils cherchoient à se dérober mutuellement les sentimens qu'ils se connoisſoient l'un à l'autre, la derniere révolte vint à éclater, & Eugénio fut commandé pour l'Écoſſe. Dans cette expédition il ſe diſtingua par ſon humanité & par ſon courage. Quoique ſouvent il ne fût pas en état de ſuivre les mouvemens de ſon bon cœur, l'intérêt qu'il prenoit à ſes ſoldats ſe manifeſta ſi bien, tant par ſes libéralités que par la diſcipline exacte qu'il maintenoit parmi eux, que ſon exemple perſonnel ne laiſſa pas d'avoir une influence étendue & conſidérable.

Durant ſon abſence, quoique ſa paſſion pour Amélie ſemblât prendre de nouvelles forces de la réſiſtance qu'il lui oppoſoit, ou des efforts qu'il faiſoit pour l'étouffer, il ne lui écrivit pas une ſeule fois. Il ſe contenta de faire mention d'elle en termes généraux, & de la comprendre dans l'énumération de ſes autres amis, lorſqu'il écrivoit à ſon pere ou à ſa ſœur.

A ſon retour de l'Armée il eut auſſi ſouvent les mêmes occaſions de voir Amélie, parce que la liaiſon de ſa ſœur avec elle ſubſiſtoit toujours ; mais le plaiſir de ces entrevues devint plus difficile à contenir, & plus embarraſſant. Les deux Amans s'appercevoient à chaque inſtant qu'ils ſe découvroient leurs ſentimens ſans le vouloir.

Amélie avoit renvoyé pluſieurs Pourſuivans, auſſi diſtingués par leur mérite que par leur rang, parce qu'elle eſpéroit faire la fortune d'Eugénio. Mais Eugénio n'avoit garde d'entretenir cette diſpoſition dans ſon Amante, parce qu'il auroit craint de l'appauvrir & de la dégrader par une alliance où il n'auroit preſque rien apporté du ſien. Avec le conſentement d'Agreſtis il pouvoit bien lever les difficultés qui naiſſoient du devoir, mais non celles qui venoient de ſa propre délicateſſe. Il ne renonçoit cependant pas à tout eſpoir. Quoique l'obéiſſance à ſon pere l'eût privé de la fortune de ſon oncle, comme ſon mérite lui avoit gagné l'eſtime & la protection d'un Officier ſupérieur du plus haut rang, il croyoit qu'il ne lui étoit pas impossible de se pousser dans le Militaire jusqu'à un grade assez considérable pour justifier ses prétentions sur Amélie, & surmonter tous les obstacles à la fois.

Agrestis étoit surpris de la répugnance de sa fille pour les différens partis qui s'étoient offerts ; mais il ne lui demanda ni ne soupçonna quels pouvoient être ses motifs. Il avoit déclaré que, comme il ne la croyoit pas capable de se marier sans son aveu, il ne la presseroit jamais de le faire contre sa propre inclination.

Amélie usa de cette liberté pour rejetter les nouveaux Prétendans, & Eugénio continua de la voir presque tous les jours sans lui parler de son amour. Cela dura jusqu'au commencement de l'Hiver dernier, où la petite vérole emporta sa sœur. Depuis cette époque ses entrevues avec Amélie devinrent moins fréquentes, & par-là même plus intéressantes. Il craignoit que, ne la voyant plus que rarement, les assiduités de quelqu'heureux Rival ne vinſſent à bout de l'effacer entiérement de ſon ſouvenir. Il ne changea rien néanmoins dans ſa réſolution, ni Amélie dans ſa conduite.

Ce fut vers ce tems-là que que Ventoſus, fils aîné d'une famille noble, ſe mit ſur les rangs pour épouſer Amélie. Outre une grande fortune, il avoit encore de grandes eſpérances fondées ſur le crédit de ſon pere à la Cour. Quoiqu'il fût puiſſamment recommandé par Agreſtis, & qu'il fût orné de qualités brillantes, Amélie le reçut toujours très-froidement. Etonné, mortifié & déconcerté dans ſes projets par un accueil auquel il ne s'attendoit point, il ne laiſſa pas de continuer ſes viſites, obſervant avec ſoin tout ce qui pouvoit le mener à découvrir la cauſe de ſes mauvais ſuccès. Un ſoir qu'il étoit ſur le point de prendre congé d'elle, après beaucoup d'inſtances & de complaintes inutiles, il vit entrer Eugénio qu'il ne connoiſſoit point. A l'embarras qu'il remarqua dans lui & dans Amélie, il ſoupçonna que cet étranger pouvoit bien être le Rival qui le faisoit échouer. Il eut lieu de se confirmer dans cette idée par les émotions que sa présence produisoit à chaque instant sur eux, & qui étoient telles qu'ils ne pouvoient les cacher, ni lui s'y méprendre, quoiqu'elles eussent peut-être échappé à des yeux moins pénétrans que ceux d'un jaloux.

Ce spectacle alluma le ressentiment & l'indignation de Ventosus. Il sortit de la chambre assez brusquement, & fut rencontré sur l'escalier par Agrestis, auquel il demanda un entretien particulier. Agrestis passa dans un autre appartement, & Ventosus lui dit, avec quelque chaleur, qu'il ne s'attendoit pas à trouver sa fille engagée avec un autre, & qu'il ne pouvoit s'empêcher de se croire offensé. Agrestis lui demanda avec la même chaleur ce qu'il entendoit par-là; &, après une altercation assez vive, ils se quitterent assez bons amis, persuadés, l'un, qu'il y avoit un amour clandestin entre Eugénio & sa fille; & l'autre, qu'Agrestis ne favorisoit point son Rival.

Agrestis fit venir aussitôt Amélie, & lui fit, coup sur coup, d'un air sévere, quantité de questions auxquelles elle ne répondit qu'en rougissant & en pleurant. Son silence & sa confusion acheverent de convaincre Agrestis, qui, sans pousser plus loin ses informations, la tança rudement sur le passé, & lui défendit de revoir Eugénio, auquel il fit aussi part de son mécontentement, lui signifiant que, pour prévenir de plus grands maux, il eût à ne pas remettre les pieds chez lui jusqu'à ce que sa fille fût mariée.

Quoique l'amour d'Eugénio n'eût que des espérances foibles & éloignées, il fut fort affligé de cette interdiction, parce qu'il craignoit qu'Amélie n'eût encouru la disgrace de son pere, & que celui-ci ne fût tenté d'abuser d'une autorité dont il étoit devenu jaloux. Comme il n'avoit rien plus à cœur que d'écarter tout ce qui pouvoit faire de la peine à sa Maitresse, il ne dit rien à Orgilio son pere, de ce qui étoit arrivé, de peur que cela n'occasionnât entre lui & Agrestis quelque différend, dont les suites retomberoient sur elle. Toutes les fois qu'il fut question d'aller chez Agrestis, il eut soin d'avoir toujours quelqu'engagement ailleurs. Agrestis, qui ne connoissoit nullement les principes sur lesquels Eugénio se régloit, ne douta point qu'il n'eût découvert à son pere les raisons pour lesquelles il avoit cessé de venir dans sa maison, & que son pere n'en fût secrettement offensé. Mais comme celui-ci ne marquoit point de ressentiment, il crut que son ambition étouffoit son orgueil, qu'il dissimuloit pour prévenir une rupture ouverte, & qu'il nourrissoit encore l'espérance de réaliser un projet dans lequel il étoit de moitié.

Le soupçon qu'on nous veut du mal, fait que nous en voulons nous-mêmes. Ce qu'Agrestis imputoit à son ami le rendoit méprisable & haïssable à ses yeux. En conséquence il le traita avec beaucoup de réserve & de froideur, négligea de lui rendre les visites qu'il en recevoit, & ne lui fit pas la moindre excuse. Orgilio s'apperçut à la fin de ce changement qu'il regarda comme le caprice d'un homme inégal & inconstant, caractere qu'il avoit toujours méprisé. Sans se plaindre d'Agrestis il lui rendit la pareille, & ainsi finit tout commerce entre les deux familles.

Cependant Eugénio demeuroit inflexible dans le parti qu'il avoit pris. Amélie dit à Ventosus, la premiere fois qu'il revint la voir, qu'elle espéroit que ce seroit la derniere. Ventosus en appella de nouveau à son pere; mais ce vieux Gentilhomme, inébranlable dans ses principes, lui répondit sans détour, qu'il avoit exercé en sa faveur toute l'autorité que Dieu & la nature lui avoient donnée sur sa fille, qu'il avoit beau être fâché contre elle, qu'il ne la prostitueroit jamais en la forçant d'épouser un homme qui ne seroit pas de son choix.

Ventosus,

Ventosus, extrêmement piqué de cette exclusion, fit de grandes perquisitions sur le compte d'Eugénio, auquel il avoit encore l'injustice de s'en prendre. Il apprit bientôt sa situation, sa fortune & sa longue intimité avec Amélie. En raisonnant d'après la confusion où il les avoit vus, il auroit cru volontiers que son Rival, tout méprisable qu'il étoit, avoit poussé trop loin ses succès pour qu'un Mari pût le supplanter avec honneur. S'il n'alloit pas jusqu'à le croire, il avoit au moins grand soin de le répandre; &, pour écarter la honte du refus qu'il avoit essuyé, il donnoit à entendre que c'étoit la véritable raison pourquoi il s'étoit retiré précipitamment, se félicitant d'être échappé si à propos.

Environ six semaines après, comme il se promenoit dans le mail avec un jeune Officier de distinction, il fit la rencontre d'Amélie qui s'y promenoit aussi avec plusieurs Dames & un Gentilhomme. Il affecta de la saluer avec un respect moqueur qui avoit l'air d'une insulte, mais dont elle ne fit pas le moindre semblant de s'appercevoir, quoiqu'elle le regardât en face. Ce sang-froid dédaigneux de la part d'Amélie le piqua jusqu'au vif, & il avoit le cœur d'autant plus ulceré qu'il ne pouvoit s'en venger. Dans le trouble où il étoit, il rebroussa chemin & résolut de la suivre. Lorsqu'il eut fait cinquante pas derriere elle, il vit Eugénio qui s'avançoit, & qui, au moment où il découvrit Amélie, se retira dans une autre allée. Cet incident fournit, au ressentiment de Ventosus, un nouvel objet, aux dépens duquel il pouvoit se satisfaire sans blesser les loix de l'honneur. Il communiqua sa pensée à son Compagnon, & ils tournerent à grands pas du côté d'Eugénio. Dès qu'ils l'eurent joint, ils firent un grand éclat de rire, & le pousserent si rudement en passant qu'il faillit à tomber. Au-lieu de continuer leur route, ils s'arrêterent soudain, & se retournant vers lui, comme pour s'excuser de leur étourderie, ils affecterent une grande ſurpriſe de voir que c'étoit lui qu'ils avoient heurté. Ventoſus lui fit une profonde inclination, lui demanda pardon avec un ton de dériſion, & lui dit en même temps qu'il y avoit dans l'allée voiſine une Dame qui ſeroit fort aiſe de ſe promener avec lui. Eugénio répondit à cette inſulte, qu'il ne penſoit pas qu'on voulût le braver; que, ſi la Dame dont il parloit étoit une femme d'honneur, il falloit en parler avec reſpect. Ventoſus répliqua, qu'il ne décidoit point ſi elle étoit femme d'honneur, mais qu'il croyoit qu'elle avoit été fort complaiſante, & qu'il étoit ravi de voir que ſes faveurs, quoique ceſſées, ne fuſſent point oubliées. A ce propos Eugénio ne fut plus maître de lui-même. Il frappa Ventoſus avec tant de force qu'il l'étendit à ſes pieds. Celui-ci ſe releva ſur le champ, & porta la main à ſon épée; mais ſon Compagnon l'empêcha de la tirer; & comme le monde s'attroupoit déjà autour d'eux, ils ſe ſéparerent en exprimant mutuellement leur mépris & leur rage.

Le lendemain matin le Compagnon de Ventosus remit un cartel à Eugénio, qui le chargea de cette réponse :

« Monsieur, votre conduite d'hier » au soir m'a prouvé que vous êtes » un coquin, & je vois par votre » lettre de ce matin que vous êtes un » fou. Je serois l'un & l'autre, si j'ac- » ceptois votre défi. Je me dois à » Dieu & à mon Pays. C'est une obli- » gation sacrée dont la violation me » paroît une infamie, & ma vie est » un dépôt que je serois fou de mettre » en jeu contre la vôtre. Vous pou- » vez me perdre de réputation : mais » vous ne pouvez pas m'avilir. Peut- » être qu'en ricanant de cette lettre, » vous vous applaudirez intérieure- » ment d'être hors de danger ; mais » souvenez-vous que je porte une » épée pour me garantir de l'assassi- » nat, & une canne pour châtier l'in- » solence ».

Cette réponse mit Ventosus dans

une fureur étrange. Son ami tâcha de l'appaiser & de lui remettre l'esprit, en lui représentant Eugénio comme un poltron, qu'il falloit dégrader ignominieusement d'un rang dont il étoit indigne, ce qui ne seroit pas difficile. Ventosus se laissa persuader, à la fin, d'entrer dans ces sentimens. On ébruita soigneusement qu'Eugénio, après avoir frappé un homme de grande qualité, lui refusoit la satisfaction qu'il avoit daigné lui demander. On ne pouvoit punir Eugénio suivant les Loix, parce qu'il n'avoit fait que son devoir de Soldat; mais ce bruit lui attira le mépris de ses Officiers supérieurs, & leur fit rechercher avec empressement un prétexte pour le renvoyer. Les amis de Ventosus le fournirent bientôt, en disant que la violence dont il s'étoit rendu coupable avoit été commise dans l'enceinte de la Cour; que c'étoit une raison suffisante pour le casser, & qu'il étoit même dans le cas d'avoir le poing coupé, suivant une ancienne loi, qui, à la vérité, n'étoit plus en usage, mais qui n'avoit pas été formellement abolie. L'expédient fut reçu avec joie, & la Commiſſion d'Eugénio lui fut retirée.

Son pere étoit alors à ſa Campagne, à vingt milles de Londres ; il ne lui avoit point parlé de ſa querelle avec Ventoſus, parce qu'il ne vouloit pas lui en dire le ſujet : mais les ſuites qu'elle avoit eues ne pouvant ſe cacher, il étoit néceſſaire qu'il prît les devants, pour empêcher que ſon pere ne fût prévenu par d'autres. Il partit donc auſſi-tôt pour la Campagne. Mais ſon pere arrivoit juſtement à Londres dans le même temps, par des rues différentes. On lui avoit écrit en gros qu'Eugénio étoit pourſuivi pour une affaire fâcheuſe ; & quoiqu'il jugeât par le ſilence de ſon fils qu'il avoit quelqu'indiſcrétion à ſe reprocher, comme il ne ſoupçonnoit pas qu'il fût taxé d'une lâcheté, il venoit dans l'eſpérance de l'appuyer par ſon crédit contre ceux qui l'attaquoient.

Voyant qu'ils s'étoient manqués dans

leur chemin, il alla trouver le Gentilhomme qui lui avoit procuré pour fon fils la Commiffion de Capitaine, & apprit là toutes les circonftances de l'affaire. Lorfqu'il entendit que fon fils avoit refufé de fe battre, il fut tranfporté d'une rage qui approchoit de la frénéfie. Il vomit des malédictions fans nombre, d'un ton qui ne tenoit prefque rien de la voix d'un homme; il déclara fon fils indigne de porter fon nom, & le renia pour jamais.

Eugénio revint le jour même à Londres, où il n'arriva que fort tard. Le domeftique qui lui ouvrit la porte lui dit, les larmes aux yeux, que fon pere s'étoit couché dans une furieufe colere, & qu'il avoit défendu de le laiffer jamais entrer dans la maifon. Eugénio refta quelques momens fans mouvement; puis fe retirant fans répondre un feul mot, il vint droit chez moi. Ses yeux étoient égarés, fon teint pâle & fes yeux baignés de larmes. Lorfqu'il m'eût vu, il fe jetta dans un fauteuil, & me remettant dans les mains la copie de la réponse qu'il avoit faite à Ventosus, il prévint toutes mes questions par le récit de ce qui s'étoit passé.

Après l'avoir consolé le mieux qu'il me fut possible, j'eus beaucoup de peine à obtenir de lui qu'il se couchât. Je passai la nuit debout à aviser par quelles raisons je pourrois convaincre Orgilio, que son fils, bien loin de rien perdre de la dignité de son caractere, s'étoit rendu plus estimable & plus respectable qu'il ne l'étoit auparavant.

Dès le matin j'allai chez lui, & à force de sollicitations j'obtins d'être introduit dans sa chambre. Je le trouvai au lit, où il n'avoit pas fermé l'œil, & il étoit aisé de voir qu'il avoit l'esprit terriblement agité. Je me flattois que c'étoit l'effet des combats que lui livroit la tendresse paternelle; mais lorsque j'ouvris la bouche pour lui parler de son fils, il tomba dans un accès de rage qui lui ôta l'uſage de la parole. Je ſortis convaincu que l'éloquence d'un Ange n'y feroit rien. Je cachai pourtant à Eugénio cette circonſtance, qui n'étoit propre qu'à le décourager. Je lui dis, qu'il étoit à propos d'attendre quelques jours, tant pour laiſſer tomber la colere de ſon pere, que pour lui donner le temps de ſe rétablir, parce qu'il étoit actuellement indiſpoſé.

A cette nouvelle, Eugénio changea de couleur, & fondit en larmes. Il ne manqua pas d'aller toutes les après-dinées frapper doucement à la fenêtre du valet de ſon pere pour s'informer de ſon état. Quand il ſut que ſa fievre étoit dangereuſe, il me pria d'y retourner & de lui demander en grace que, s'il ne pouvoit eſpérer ſon pardon, il lui accordât du moins la permiſſion de le voir. J'y allai. Mais dès qu'Orgilio m'entendit nommer, il retomba dans un tranſport de rage qui finit par le délire. Il eſt impoſſible d'exprimer l'effet que ce nouveau malheur produiſit ſur Eugénio, qui m'attendoit au bout de la rue. Je gagnai ſur lui qu'il reviendroit chez moi. Là, il marchoit quelquefois à pas précipités, & d'autres fois il ſe tenoit en place, immobile comme une ſtatue, les yeux fixés vers la terre. Dans un de ces terribles accès, on lui apporta la nouvelle que ſon pere étoit mort, & qu'il l'avoit déshérité le lendemain du jour qu'il étoit tombé malade, déclarant que ſon fils lui avoit briſé le cœur, en le déshonorant par ſa conduite.

Eugénio écouta ce funeſte récit ſans donner aucun ſigne de ſurpriſe ou d'émotion. Mais je ne pus jamais l'engager à changer de poſture, ni à prendre aucune nourriture, juſqu'à ce que l'entier épuiſement de ſes forces le livra heureuſement à un ſommeil de quelques heures, qui le tira de ſon accablement.

La nuit de l'enterrement de ſon pere, il mit un habit qui appartenoit à mon Domeſtique, & ſuivit à pied le corps à quelque diſtance du convoi. Lorſque la cérémonie fut finie, & que tout le monde ſe fut retiré, il ſe proſterna ſur la tombe le viſage dans la pouſſiere, & pleura dans un ſilence qui n'etoit interrompu que par des ſanglots. Je l'avois ſuivi ſans en être apperçu. Je crus que je devois laiſſer un libre cours à une douleur auſſi reſpectable. Enfin le jour parut, & alors il fut étonné, &, je penſe, un peu confus de me voir. Il ſouffrit pourtant que je l'emmenaſſe; ce que je fis, ſans que ni lui ni moi puſſions proférer un ſeul mot.

Il me dit le lendemain qu'il m'embarraſſeroit encore quelques jours, pendant leſquels il ſongeroit aux moyens de pourvoir à ſa ſubſiſtance. Il étoit dépourvu de tout, ſans argent & ſans profeſſion pour en gagner. Mais il ne ſe plaignit point, & refuſa conſtamment les ſecours pécuniaires que je lui offris.

En moins de huit jours il fit de l'argent de ſa montre, ſon épée, ſa tabatiere & ſa bague, & s'engagea comme un ſimple matelot, dans une entrepriſe particuliere faite pour découvrir un paſſage dans l'Inde par le nord-oueſt.

Lorſqu'il me fit part de cette réſolution déſeſpérée, il avoit l'air parfaitement tranquille. Cher ami, me dit-il, mon point-d'honneur a toujours été d'obéir à Dieu, le premier auteur de mon être, & le dernier objet de mes eſpérances. J'ai demeuré fidele à ce principe aux dépens de tout ce qu'un homme a de plus cher au monde. J'ai ſouffert la perte de ma fortune, de mon amour & de ma réputation ; mais j'ai conſervé mon innocence, & je ſais que je n'en perdrai pas la récompenſe. Je ſerois charmé d'y joindre, ſinon l'amour, du moins l'eſtime d'Amélie. Elle entendra parler de moi comme d'un homme dégradé & déshérité, comme d'un lâche, d'un vagabond, d'un fugitif. Il faut que je renonce à ſon eſtime. Au reſte, pour ſon repos, il vaut mieux qu'elle me mépriſe. Quelques-uns de ceux qui lui ont fait la cour ſont dignes d'elle, &

je ne dois pas m'oppofer à un bonheur dont je ne faurois jouir. Je m'embarque demain, & vos embraffemens font le feul bien que je m'attende à recevoir de ce pays, que je quitte pour en aller chercher d'autres qui me font inconnus.

Je n'étois pas en état de répondre à ce difcours. Il vit l'excès de ma douleur & me laiffa. Peut-être craignoit-il que je ne l'ébranlaffe, & que ma foibleffe ne lui devînt contagieufe.

Le lendemain, qui étoit hier, je le fuivis jufqu'au vaiffeau. Il me parla de chofes indifférentes ; & lorfque nous nous féparâmes, il me ferra la main & fe détourna fans me parler. Je regagnai le bateau qui m'attendoit pour me conduire au rivage, & je ne voudrois pas, pour tous les Royaumes du monde, avoir encore les ferremens de cœur que j'éprouvai.

Tel eft l'ami que j'ai perdu ; tel eft l'homme que le monde a difgracié, parce qu'il s'eft refufé à la propofition d'un duel. Ceux qui feront touchés de ſes malheurs ne voudroient pas qu'il les eût évités par une conduite oppoſée ; & ceux qui n'en ſeront pas touchés peuvent être regardés comme des eſpeces de monſtres, ſi l'on peut appeller ainſi des hommes ſans humanité.

On demandera peut-être pourquoi j'ai donné ainſi l'hiſtoire de mon ami ſous des noms empruntés, tandis qu'il ne l'auroit pas fait lui-même. J'avoue que c'eſt mon amitié pour lui qui me guide ; mais je crois n'être pas répréhenſible, quand je conſidere que, ſi d'un côté la lecture de ces feuilles occaſionne à ſa chere Amélie la peine la plus tendre, & par conſéquent la plus vive, en lui montrant l'infortuné Eugénio plus digne que jamais de ſon eſtime ; de l'autre j'offre au monde un illuſtre exemple de vertu capable d'exciter l'émulation, & de contribuer à l'extirpation d'un préjugé funeſte, également contraire à la ſociété, à la religion, & à la raiſon. Je ſuis, &c.

BÉNÉVOLUS.

Suite de l'Hiſtoire d'Eugénio. N°. 70.

(*C'eſt une Lettre à l'Auteur qui avoit publié cette Hiſtoire dans ſes Feuilles.*)

Monſieur, je ſuis la perſonne que votre Correſpondant Bénévolus a jugé à propos de déſigner ſous le nom d'Agreſtis. Il y a bien quelques particularités dans mon caractere ſur leſquelles il peut s'être trompé ; mais j'aime la franchiſe, & comme il n'a pas eu intention de me flatter, je lui pardonne : mon cœur eſt peut-être auſſi ſuſceptible que celui d'un autre, & il ne ſe ferme à rien de ce qui porte les hommes à de belles actions. Mais venons au fait. J'approuve que vous ayez publié l'Hiſtoire d'Eugénio, & je ne veux pas que le monde en ignore la ſuite, où vous êtes plus intéreſſé que vous ne ſauriez vous l'imaginer.

Il faut que vous ſachiez, Monſieur, que ma fille, qui étoit aſſez ſérieuſe depuis qu'elle avoit congédié Ventoſus, me paroiſſoit depuis peu beaucoup plus triſte & plus rêveuſe qu'à l'ordinaire. Je réſolus d'avoir les yeux ſur elle ; & comme je la guettois de fort près, je la ſurpris, ſamedi dernier, preſque baignée de larmes, avec votre feuille entre les mains. Je ſaiſis auſſitôt le papier, &, ayant mis mes lunettes, je commençai à lire, comptant bien découvrir ſon ſecret. Lorſque j'eus parcouru la feuille, je fus aſſuré qu'elle avoit quelque grand intérêt à l'hiſtoire, qui me parut en effet remplie de malheurs. Je la preſſai ſi fort à ce ſujet qu'elle me remit les deux autres feuilles, en me diſant les vrais noms des Acteurs. Alors je commençai à lire avidement, quoiqu'à dire vrai, je n'y viſſe preſque plus aux trois dernieres pages. Vertu de ma vie, dis-je en moi-même, l'honnête garçon que cet Eugénio ! & regardant ma fille, je ne la trouvai jamais ſi reſſemblante à ſa mere. Je ſautai à ſon cou, & je l'embraſſai, mais ſans lui dire ce que j'avois dans l'ame. Je me contentai de l'encourager, en lui recommandant d'être toujours une bonne enfant. Et ayant fait auſſitôt mettre les chevaux à ma voiture, j'allai droit chez Bénévolus, à qui je demandai le nom du vaiſſeau ſur lequel Eugénio s'étoit embarqué, & le jour où il étoit parti. Je ne ſais ſi le Docteur devina mon intention ; mais il avoit l'air d'un homme prêt à ſauter de joie. Il me dit, avec une ſorte d'empreſſement dont il n'étoit pas le maître, que le vaiſſeau, ayant eſſuyé quelqu'accident avoit été obligé de rétrograder, & qu'il étoit actuellement dans la riviere près de Graveſend.

Muni de cette information, je retournai vers ma fille, & je lui ouvris mon cœur. Le Capitaine, lui dis-je, m'a toujours ſemblé un digne garçon, & lorſque j'eus ſujet de croire que tu l'aimois, je ne te ſéparai point de lui, parce qu'il n'avoit ni titre ni fortune, mais parce qu'il étoit d'un état qui me répugne. Je ne voulois point que tu épouſaſſes une cocarde ni un havreſac,

& quand il auroit été Officier-Général, je lui aurois préféré un honnête Citoyen, dont l'induſtrie fait fleurir le commerce & la navigation. D'ailleurs, j'étois fâché de ce que tu ſemblois entretenir avec lui une correſpondance ſecrette, comme ſi tu avois voulu diſpoſer de toi ſans ma participation, en quoi j'avoue, ma chere enfant, que je ne te rendois pas juſtice. Actuellement le Capitaine a levé tous mes ſcrupules à la fois. Il n'eſt plus ſoldat; il n'a jamais tenté de ruiner mon autorité. C'eſt un cœur vrai; je ſens que je l'aime comme mon fils. Il n'eſt pas encore éloigné de nous, & tu vas lui écrire tout-à-l'heure de ta propre main, qu'il ſera ton Mari, que j'ai aſſez de bien pour vous deux, & même pour faire de lui un Lord, s'il me plaît. La pauvre enfant avoit le viſage couvert de ſon mouchoir, tandis que je lui parlois; & lorſque je lui dis que le Capitaine n'étoit pas loin, je ne m'apperçus pas dans le moment même qu'elle s'étoit évanouie. Nous fûmes plus de deux heures à la rappeller à la vie ; mais enfin elle reprit ſes eſprits, écrivit & m'apporta la Lettre ſuivante.

« Monſieur, j'ai ordre de mon Pere » de vous prier de revenir auſſitôt la » préſente reçue, & de regarder ſa » maiſon comme la vôtre. Il eſt vivement touché de votre généroſité & » de votre malheur, qui ſont venus à » ſa connoiſſance par un hazard que je » ne puis vous dire à préſent, & il eſt » décidé à vous faire ſon Héritier ſans » préjudice à votre humble ſervante, » Amélie ».

Quand j'eus lu cette Lettre : parbleu ! lui dis-je, il faut que tu mettes *votre affectionnée ſervante*, ſans quoi il ne viendra pas. Cela la fit ſourire. J'étois ravi de la joie que je lui voyois ; & après avoir plaidé & gagné mon procès ſur l'addition que je demandois, je fis monter auſſitôt à cheval mon propre valet, à qui je donnai la Lettre, & je le fis ſuivre par une voiture légere à quatre chevaux, avec ordre de prendre en paſſant le Docteur, ami d'Eugénio. Je ne vous dirai pas comment Eugénio ſe comporta à la réception de la Lettre; il ſuffit qu'environ huit heures après il arriva chez moi avec ſon ami. Je ne vous parlerai pas non plus de la maniere dont ſe paſſa l'entrevue de nos deux Amans. Bref, ils doivent être mariés jeudi prochain. Je vous invite, Monſieur, à être de la noce, & à prendre part à un bonheur dont vous êtes l'occaſion.

HISTOIRE

Trouvée dans les papiers d'une jeune Étrangere, morte à Amiens.

COUPABLE, malheureuſe & mourante, c'eſt à vous, mon cher frere, que j'adreſſe ma triſte confeſſion. Quoiqu'indigne de votre tendreſſe, je compte encore ſur votre pitié & ſur mon pardon. Je vous les demande au bord du tombeau. Vos ſentimens, hélas ! ne parviendront jamais juſqu'à moi. La voix douce & conſolante de l'amitié ne peut plus frapper mes oreilles, ni porter la paix dans mon cœur. Ce cœur ceſſera bientôt de battre ; & ce corps, déjà ruiné, s'en va retourner en pouſſiere. Qu'une de vos larmes tombant ſur ces lignes y trace mon pardon ; c'eſt tout ce que je puis vous demander & obtenir de vous.

Si l'hiſtoire de mes égaremens &

de mes malheurs vous eſt connue avant que vous receviez cette Lettre, quel chagrin, quelle indignation n'aura pas reſſenti votre ame noble & généreuſe pour la honte d'une ſœur que vous aimiez? Je ne puis ſupporter cette idée. Que le Ciel vous laiſſe ignorer ces funeſtes nouvelles juſqu'à ce que vous les appreniez par mon propre récit. Plus fidele que celui de tout autre, il ne vous fera pas une impreſſion ſi cruelle; &, quoique je ſois bien éloignée d'excuſer mes fautes, vous pourrez me juger du moins avec toute l'indulgence qu'un mortel, ſujet à l'erreur, doit avoir pour ſon ſemblable.

Notre cher pere mourut l'année même de votre embarquement pour le Bengale. Je fis en lui une perte irréparable. Je n'ai pas beſoin de vous dire que, comme il étoit homme d'Egliſe, nous perdîmes en même temps la plus grande partie de notre fortune. Elle fut réduite à cent livres ſterling de rente, conſiſtant dans une annuité qui avoit été achetée du bien de ma mere, pour sa subsistance & la mienne.

Ma mere voyant que nous n'étions plus regardées ni traitées de même par ceux qui se disoient auparavant nos amis, se dégoûta de Glocester, où nous n'avions plus les mêmes agrémens. Faute de connoître le monde, elle prenoit pour elle en particulier les façons désobligeantes qu'on a pour tous ceux qui tombent dans la médiocrité ou l'indigence. Elle s'apperçut alors que c'est la prospérité qui cimente aujourd'hui les liaisons, & que l'amitié finit avec elle.

Je n'avois pas encore quinze ans, & je n'étois guere en état de donner de bons conseils. Cependant ma mere voulut bien me consulter sur le nouveau plan de vie qu'il nous falloit suivre. J'avois ouï dire que Bath étoit un séjour où les gens qui s'y établissoient vivoient à peu de frais; d'ailleurs, je croyois cette ville un endroit fort agréable par les scenes animées & variées qu'y produit le concours de beaucoup de monde, & j'avois souvent ſouhaité d'y aller avant la mort de mon pere. Je mis donc en œuvre toute ma petite réthorique pour engager ma mere à s'y fixer.

Elle y conſentit ; & la premiere année que nous y paſſâmes fut, ſans comparaiſon, la plus heureuſe de ma vie. Nous vivions de la plus grande économie, dans une petite maiſon près de Croſs-Bath. Ma mere ſortoit peu ; mais nous trouvâmes des femmes de notre connoiſſance qui avoient la complaiſance de me mener dans les aſſemblées, aux promenades & à la comédie, toutes les fois qu'on jugeoit à propos de me produire dans le monde.

Il vous ſouvient ſans doute encore, mon cher Edouard, de ma figure & de ma perſonne, & vous pouvez ſuppoſer que parmi tant d'hommes de plaiſir qui abondent en ce lieu, je ne manquois pas d'adorateurs. On y forme peu d'engagemens ſérieux, & peut-être moins qu'en aucun autre endroit, où la même quantité de jeunes gens ſe raſſemble. Que cela vienne de la dissipation continuelle où ils vivent, ou de la rapidité avec laquelle se succedent les nouveaux objets, c'est ce que je ne saurois dire. Mon cœur, simple, & sans expérience, n'étoit pas fait pour ce tourbillon. Trop susceptible, hélas! d'une impression tendre, un jeune Officier, fils de Sir Richard L.... fut le premier qui lui fit éprouver celle de l'amour.

Pendant les trois premiers mois de notre connoissance, nous nous voyions tous les jours sans que l'idée de séparation, ni aucune autre pensée affligeante vînt interrompre l'agréable délire où nous étions tous deux.

Notre bonheur étoit trop grand pour durer. Sir Richard L.... écrivit à son fils de se rendre incessamment auprès de lui, pour aller ensuite occuper le rang de Capitaine auquel il venoit d'être promu, dans un Régiment qui étoit en Irlande. Cette Lettre fut le premier & le plus rude coup que le destin pût nous porter.

Quoique ma mere eût toutes sortes

de bontés pour moi, cependant, par une délicateſſe naturelle aux jeunes perſonnes, je n'oſai jamais lui confier mon attachement pour le Capitaine. C'eſt peut-être à cette légere, mais fatale omiſſion, que je dois la plus grande partie des malheurs de ma vie.

La liaiſon la plus intime que j'euſſe alors étoit avec une jeune Dame d'environ vingt-trois ans, qui paroiſſoit avoir la plus grande amitié pour mon amant & pour moi. Je tairai ſon véritable nom, par conſidération pour la reſpectable famille où elle eſt entrée. Je l'appellerai Matilde. C'eſt elle qui a répandu, ſur moi & les miens, l'amertume & l'infamie.

Je lui ouvris mon cœur, dans la douleur exceſſive que me cauſoit l'idée d'être ſéparée de mon amant, & je verſai des larmes dans ſon ſein. Elle paroiſſoit regarder ma peine, toute extrême qu'elle étoit, comme une bagatelle. J'avois, diſoit-elle, trop de ſenſibilité pour être heureuſe, & c'étoit une fâcheuſe diſpoſition qu'elle

me conseilloit de vaincre; « les pre-
» mieres passions, ajoutoit-elle en
» riant, sont toujours incommodes;
» mais le départ du second amant vous
» touchera moins que celui du pre-
» mier ». Ces propos me déplaisoient & me scandalisoient, par l'idée de libertinage qu'ils présentent. Elle s'en apperçut, & aussitôt elle changea si adroitement de langage qu'elle me radoucit au point de gagner toute ma confiance.

Durant le peu de séjour que le Capitaine fit encore à Bath, cette Dame, lui & moi, nous ne nous quittâmes point. Il auroit bien voulu m'épouser dans l'intervalle; mais il étoit trop jeune pour contracter cet engagement sans l'autorisation de ses parens, & il ne put trouver aucun Ministre pour nous marier; enfin l'heure fatale de notre séparation arriva. Le bonheur & lui n'étoient, dans ma façon de penser, qu'une seule & même chose. Hélas! je les perdis tous deux.

Ses Lettres me procuroient la seule

consolation qui pût modérer les tourmens de l'absence. Elles étoient tendres & fréquentes. Je me souviens pourtant que j'y découvrois quelquefois un certain penchant à la jalousie. Mais assurée de n'avoir jamais donné matiere au moindre soupçon, je laissai tomber de petits traits & des insinuations vagues dont je crus qu'il étoit au-dessous de moi de me défendre.

Au bout d'un an que nous eûmes vécu à Bath, ma mere commença à se trouver fort à l'étroit avec son petit revenu. Cher & généreux Edouard, vous ne pouviez alors la mettre dans l'aisance; & je suis sûr qu'une de ses plus grandes peines étoit d'être elle-même dans l'impuissance de seconder les premiers efforts que vous a couté votre fortune dans sa naissance.

Quoique ma mere ne fût plus jeune, elle étoit encore belle, & on sait que dans l'intervalle de la jeunesse à la vieillesse, la parure devient plus importante pour une femme. Elle étoit d'ailleurs accoutumée à vivre dans l'abondance, & à se mettre élégamment.

Cependant elle ſe contentoit d'un petit ordinaire, & continuoit de porter le plus grand deuil. Elle m'ornoit de ce qui lui reſtoit de ſa garde-robe, & y ajoutoit ce qu'elle pouvoit.

Matilde me prenoit habituellement pour aller aux aſſemblées, & m'invitoit preſque toujours aux parties qui ſe faiſoient chez elle, quelquefois avec, & ſouvent ſans ma mere. Elle aimoit le jeu & paroiſſoit curieuſe de m'inſpirer cette paſſion. Je réſiſtai quelque tems à la tentation. Lorſque je lui alléguois le danger & l'indécence de ce train de vie, elle me répondoit qu'il n'y avoit point d'indécence à jouer, puiſque les cartes étoient du bon ton chez toutes les Nations civiliſées. Quant au danger, elle prétendoit que plutôt je jouerois, mieux je m'en garantirois; que la mort de Sir Richard L.... devant bientôt me donner un rang & une fortune, il ne falloit pas que je ſongeaſſe à vivre comme une fermiere dans un ſiecle auſſi rafiné que le nôtre; que le gros jeu étoit devenu l'occupation & l'amuſement de tous les gens propres à former des ſociétés polies, & qu'ainſi je ne pouvois m'initier de trop bonne-heure dans l'art & la ſcience du jeu, tant pour le bien de mes affaires, que pour l'intérêt de mon mari.

Elle me faiſoit quelquefois tenir ſes cartes, & ſe plaçoit à côté de moi pour me conſeiller; enſuite elle vint à bout de m'intéreſſer au jeu pour quelqu'argent; & enfin elle fit ſi bien que je hazardai de jouer pour mon compte, ſur la parole qu'elle me donna de me prêter, ſi je perdois, juſqu'à ce que je fuſſe en état de lui rendre.

Je ſuis convaincue qu'il n'y a qu'un pas, facile à éviter, pour ne pas tomber dans le vice, & ce pas eſt le premier. La crainte & le dégoût avec leſquels je m'embarquai au jeu s'affoiblirent par degrés, & l'habitude de manier des cartes dégénéra en ſi forte paſſion, que je regrettois les Dimanches où il falloit reſter au logis, après le Service, pour faire de bonnes lectures à ma mere, ou entendre les excellentes instructions qu'elle me donnoit.

M. W.... homme riche & d'un certain âge, étoit de toutes nos parties. Il me distinguoit des autres. Sa partialité pour moi alloit souvent jusqu'à me favoriser au jeu. Quand je m'en appercevois, je me fâchois. Je menaçois de mettre bas mes cartes & de me retirer, s'il recommençoit à me faire sa cour à ses dépens ou à ceux de quelqu'autre de la compagnie. Mes reproches furent si sérieux qu'il s'abstint enfin de cette galanterie plate & maussade.

Mon jeu s'étoit soutenu assez au pair pour ne point abuser du crédit que Matilde m'avoit offert. Un soir elle m'engagea dans une partie de loo, sorte de jeu que je ne connoissois pas. J'ignorois même jusqu'où pouvoit aller ma perte dans une veine de malheur. Les enjeux n'étoient par forts; mais les bêtes n'étant pas limitées, je me trouvai redevable de trente guinées à M. W.... à la fin de la séance.

Je les demandai à mon amie, qui, pour cette fois, me refusa. Elle dit qu'il falloit encore tenter la fortune, que je jouerois le lendemain chez elle; & qu'en supposant que j'eusse tout le désavantage possible, elle me tireroit d'embarras pour le paiement. Je voulus prendre ma revanche au même jeu, & je doublai ma dette. Je sommai Matilde de sa promesse; elle me répondit, d'un grand sang-froid, & avec un sourire forcé, que j'avois un Créancier fort opulent, & que, comme il lui avoit fait confidence de sa prédilection pour moi, elle croiroit lui manquer, si elle me tiroit de ses mains en me déchargeant d'une obligation aussi mince que celle-là.

Je ne puis exprimer la surprise & les allarmes où je tombai à cette occasion. C'étoit un présage de tous les malheurs qui m'attendoient dans la suite. Je commençai à voir que j'étois indignement trahie. Je me retirai dans ma chambre ſans dire mot à perſonne, ſans parler à ma mere même, & je paſſai la nuit à m'y promener, ſans ſavoir ce que je faiſois. Comment, m'écriois-je, comment m'acquitter jamais de cette dangereuſe dette? Comment juſtifier ma conduite devant ma mere, devant le monde, & ſur-tout devant mon cher Capitaine?

Je ne ſortis point pluſieurs jours de ſuite, quoique Matilde vînt ſouvent me ſolliciter de le faire. Elle affectoit de me tourner en ridicule, comme ſi c'étoit une pruderie à moi que de prendre une bagatelle ſi fort à cœur, & de mettre tant d'importance à *une choſe ſi ordinaire.* Je perſiſtai cependant à garder la maiſon, & je demeurai inconſolable de cette aventure juſqu'au moment où je vis arriver une Lettre de mon cher Capitaine. Je l'ouvris avec tranſport, eſpérant qu'elle alloit remettre la paix & la joie dans mon cœur; mais hélas! quel ſurcroît de chagrin devois-je y trouver!

Il me diſoit que ſon Régiment avoit

ordre de passer en Amérique, & qu'il s'embarqueroit sous dix jours, terme déjà expiré quand je reçus sa Lettre. Il ajoutoit qu'il s'étoit convaincu, par ma conduite, que, s'il ne revenoit jamais en Angleterre je me consolerois facilement de sa perte, mais qu'il regretteroit toujours la mienne. Il me souhaitoit tout le bonheur qu'on peut goûter dans une vie dissipée, & finissoit par me dire adieu pour jamais.

Dans le trouble & l'agitation où j'étois déjà, cette cruelle Lettre faillit à m'oter tout-à-fait l'usage de ma raison Elle me jetta dans un abattement affreux. Ma mere, qui voyoit mon état, & qui n'en savoit pas la véritable cause, craignoit que je ne fusse ménacée de quelque maladie grave. Elle m'observoit continuellement, avec toute la tendresse & l'inquiétude imaginables.

Je fus absorbée quelque-temps dans la mélancolie la plus profonde. A la fin, la voix de la nature reveilla ma raison. Les larmes d'une tendre mere attirerent les miennes par une force ſympathique, & exciterent toute ma reconnoiſſance. Je m'efforçai de cacher ma douleur ; je gagnai même ſur moi de prendre un air riant; mais j'avois toujours le cœur déchiré.

La honte d'avoir entretenu clandeſtinement correſpondance avec un amant qui me rejettoit ſi ouvertement, fit que je n'oſai révéler à ma mere aucune circonſtance d'une liaiſon devenue ſi humiliante pour moi. Je recourus à Matilde, qui avoit toujours été dans ma confidence, & je lui communiquai la Lettre du Capitaine. Elle me reçut froidement, comme elle avoit déjà fait dans le premier embarras où je m'étois trouvée. Elle me dit que ceci n'étoit encore *qu'une de ces choſes très-ordinaires* dans la vie, que les plus conſtantes amours ne devoient être conſidérées que comme l'affaire d'un an tout-au-plus ; mais qu'à Bath les paſſions ne duroient jamais au-delà de la ſaiſon, qu'elles venoient de la chaleur des eaux &

qu'elles ſe refroidiſſoient avec elles.

Ce qui rend les jeunes filles ſi ſenſibles à ces petites diſgraces, c'eſt, pourſuivoit-elle, la haute opinion qu'elles ſont diſpoſées à prendre de leur propre importance. Car il faut qu'elles rabattent conſidérablement de leur préſomption & de leurs idées romaneſques, avant de ſe trouver à la place qui leur eſt aſſignée par la nature; celle d'un hochet ou d'un joujou. Pour un qui ſonge à s'y attacher ſérieuſement, il y en a dix qui ne cherchent qu'à s'en amuſer.

Ces maximes, vraies ou fauſſes, n'étoient pas propres à diminuer mon affliction. Je retournai chez moi la plus malheureuſe de toutes les créatures qui reſpirent. J'accuſois mille fois le Capitaine de fauſſeté & de parjure. Hélas! c'étoit en vain que je me propoſois de le bannir à jamais de mon cœur & de ma mémoire. Ombre chérie, pardonne-moi ces torts, & tous ceux que ma mauvaiſe étoile t'a fait ſouffrir malgré moi.

Pendant ma retraite, M. W.... s'informoit de ma ſanté le plus régulierement & le plus obligeamment du monde. Comme j'étois toujours foible, languiſſante & ménacée de la conſomption, ſelon le Médecin qui me voyoit, on jugea que le changement d'air m'étoit néceſſaire. M. W.... offrit à ma mere, avec toute l'honnêteté poſſible, une maiſon qu'il avoit à Briſtol près des puits chauds, ſon équipage, ſes domeſtiques, &c.

J'avois une puiſſante raiſon, contre ces avances, dans ma répugnance à recevoir de nouvelles graces d'un homme à qui je n'étois déjà que trop redevable. Mais il leva lui-même, en grande partie, mon ſcrupule, en nous déclarant qu'il alloit voir Paris, que ce voyage le tiendroit deux mois abſent, & que pendant ce tems ſa maiſon & ſon carroſſe lui ſeroient parfaitement inutiles.

A la priere de ma mere, que je laiſſai faire, Matilde conſentit à nous accompagner. J'avoue que je ſentis un rayon de joie de quitter un lieu où chaque objet me retraçoit mon malheur ; je ne réfléchissois pas alors que je ne pouvois m'éloigner de moi-même, & que le bonheur & le malheur sont plutôt une chose personnelle que locale.

M. W.... vint avec nous & nous mit en possession d'une maison fort élégante, où il laissa, pour nous servir, quatre domestiques, auxquels il donnoit leur nourriture en argent. Il y avoit une ample provision de thé, de vin, de confitures & autres choses recherchées, dont il nous pria d'user comme à nous appartenantes, & il prit congé de la façon la plus polie, en nous demandant, pour toute faveur, de rester chez lui jusqu'à son retour.

Les eaux & le changement de scene contribuerent à me rendre la santé; mais la paix & la gaieté ne revenoient pas. Toujours mélancolique, les plus agréables momens que je passois étoient ceux où je pouvois engager Matilde à entendre mes plaintes & mes soupirs.

Je découvris bientôt qu'elle se lassoit d'un rôle pénible. Entierement livrée à la dissipation, elle me plaisantoit la plupart du temps, au-lieu de me consoler.

Malgré les fâcheuses impressions que le chagrin avoit fait sur ma personne, je fus aimée de Sir James D..., jeune Baronnet du Comté d'York. Il me demanda bientôt en mariage à ma mere, qui le reçut très-favorablement. Enchantée de la perspective de ce qu'elle appelloit mon bonheur, elle me parla de cette proposition avec transport.

Je n'en pensai pas de même. J'étois si déraisonnable que je la regardai comme un outrage fait à mon cœur. Je tombai dans une espece d'agonie, dont je ne sortis qu'après avoir indiscrettement, & solemnellement promis au Ciel de n'être jamais la femme de Sir James.

J'ai encore devant les yeux, mon cher Edouard, l'air d'étonnement & d'indignation de ma pauvre mere. Elle eut cependant assez d'empire sur elle-même pour ne pas compromettre ſa raiſon avec mon extravagance. Elle ſe contenta de me lancer un regard plus expreſſif que tout ce qu'elle auroit pu me dire, & me quitta pour aller dans ſa chambre.

Je l'y ſuivis quelques momens après. Elle étoit toute en pleurs. Je ne pus tenir à ce ſpectacle, mon cher Edouard : je me jettai à ſes genoux, j'implorai mon pardon, & je lui offris de me ſacrifier en épouſant Sir James plutôt que de la rendre malheureuſe.

Elle me répondit avec le plus grand calme : « je crains bien, ma fille, qu'il » ne ſoit plus en votre puiſſance de » m'empêcher de l'être. Vous l'êtes » vous-même, mon enfant, & il faut » que je ſouffre avec vous. J'eſpé- » rois. . . . mais c'eſt une affaire finie. » Après le ferment téméraire que vous » avez fait, il n'eſt aucun pouvoir » ſur la terre qui ſoit capable de me » faire changer de réſolution. Sir » James aura ſon congé. Mais il faut » que je vous diſe un ſecret que j'au-

» rois souhaité de vous cacher toute » ma vie. Nous allons être en proie » aux malheurs de l'indigence qui nous » poursuit. Nous ne pouvons plus re- » tourner à Bath ; j'engagerai le peu » qui me reste pour payer nos dettes. » Nous nous retirerons dans quelque » coin obscur où nous travaillerons » pour gagner notre vie. Nous tâche- » rons de subsister dans une honnête » pauvreté, & de prendre des senti- » mens humbles, conformes à notre si- » tuation.

» Je ne vous condamne pas, mon » enfant : les inclinations ne doivent » pas être forcées. Je me flattois que » votre jeunesse & votre beauté pour- » roient vous valoir quelque parti » avantageux, dans lequel nous au- » rions trouvé, moi un support, & » vous un établissement. La proposi- » tion de Sir James passoit mes espé- » rances ; mais je ne veux pas que » vous soyez victime de la considéra- » tion que vous me devez. Voilà qui » est fait ; il n'en sera plus question ».

O mon frere ! imaginez ce que je ſouffrois pendant ce diſcours de ma mere. J'aurois voulu mourir mille fois pour la rendre heureuſe. Cependant, à travers tous les mouvemens que j'éprouvois intérieurement, il y en avoit un de plaiſir ; car j'étois bien aiſe de me voir délivrée de la crainte d'épouſer un homme que je ne pouvois pas aimer.

Je n'oubliai rien de tout ce que put me dicter la reconnoiſſance. Je promis à ma mere de n'avoir jamais d'autres volontés que les ſiennes. Je lui parlai du contentement qui accompagne une honnête pauvreté, de la préférence que je donnois à la tranquillité de l'ame dans une humble condition, à la vaine opulence, dont l'éclat dérobe ſouvent aux yeux une miſere très-réelle. Enfin je fis tous mes efforts, mais en vain, pour diſſiper ſes inquiétudes & ſes chagrins.

Non-ſeulement je pris un air ſerein, mais je reſſentis à cette occaſion un degré de ſatisfaction qui m'étoit étranger depuis long-temps. Je triomphois en moi-même des injuſtes ſoupçons du Capitaine. Au milieu de la pauvreté je refuſois un établiſſement conſidérable, & je dédaignois un titre qu'il falloit acheter aux dépens de l'amour.

Je comptois que mon héroïſme ſeroit approuvé de Matilde. Je me trompai. Elle me blâma, traita ma conduite d'abſurde & de romaneſque; celle de ma mere de foible & d'imbécile, ajoutant que, ſi elle eût été à ſa place, elle n'auroit eu garde de manquer ce mariage, & qu'elle m'auroit ſervie en dépit de ma propre folie.

M. W.... que nous croyions en France, revint à Briſtol quelques jours après cette aventure. J'eus du plaiſir à le voir, parce que j'étois charmée de ſes derniers procédés, & je le reçus avec toutes les marques de la conſidération qu'on a pour un ami.

Il y avoit un appartement vacant dans ſa maiſon; il pria ma mere de trouver bon qu'il l'occupât. Elle n'avoit ſûrement pas le droit de s'y opposer. Cependant je pus m'appercevoir que cette demande l'embarrassoit étrangement ; elle me dit le lendemain qu'elle étoit décidée à quitter Bristol sur le champ, quoiqu'elle ne sût où aller, parce qu'il ne convenoit pas que nous restassions plus long-temps dans la maison de M. W....

C'étoit un homme d'environ cinquante ans, que je n'avois jamais regardé autrement que comme un pere, de sorte que je fus extrêmement frappée de ce que ma mere venoit de me dire. Je répondis que j'étois prête à la suivre où & quand il lui plairoit. Elle fondit en larmes & s'écria : « hélas ! mon enfant, qui voudra recevoir une veuve & une orpheline qui sont sans crédit, sans protection, & sans appui ? »

A l'instant M. W.... qui nous avoit entendues, entra dans la chambre, &, prenant ma mere par la main : « voyez, dit-il, en moi, Madame, un protecteur & un fils qui s'estimera heureux de faire votre bonheur ».

La premiere émotion que cette déclaration fit naître dans mon cœur fut celle d'une vive reconnoiſſance. Il n'y eut que la modeſtie qui m'empêcha d'embraſſer M. W.... « ô Monſieur, » m'écriai-je, dans mon extaſe, vous » êtes trop bon & trop généreux. » Comment pourrons-nous jamais re- » connoître tant de bonté » ?

Il me répondit ſur le champ qu'il étoit en mon pouvoir de récompenſer tous ſes ſervices, bien au-delà de ce qu'ils valoient. « Je ne vous demande » rien, dit-il, Mademoiſelle, que ce » que cette belle main peut donner. » Que votre cœur ſoit à moi comme » votre perſonne. L'un ſans l'autre » ne me flatteroit pas. Je n'attendrai » point votre déciſion dans ce mo- » ment-ci. Vous connoiſſez les ſenti- » mens & la ſituation de votre mere. » C'eſt à vous à voir ſi vous prendrez, » ou non, le parti de ſécher ſes larmes».

Il ſortit au-ſſitôt de la chambre, où il auroit pu demeurer & parler pendant une heure ſans que je l'interrompisse, tant j'étois pétrifiée d'étonnement & d'horreur. Je n'étois pas revenue à moi, lorsque ma mere, se mettant à genoux devant moi, & me pressant la main contre son sein, me dit, les yeux baignés de larmes : « je ne » vous demande pas, ma chere enfant, de vous sacrifier pour moi ; » mais voyez à quelles insultes & à » quels désastres votre innocence & » votre jeunesse vont être exposées » lorsque vous aurez perdu ce fresle » appui que vous avez en moi. A ma » mort toutes sortes de dangers & de » maux vont fondre sur vous. Alors » vous réfléchirez avec honte & avec » douleur sur cette fausse délicatesse » qui règle aujourd'hui vos démarches, & vous regretterez en vain » la perte d'une mere tendre après » avoir souffert que le chagrin la mît » au tombeau ».

Je ne pus en entendre davantage. Je me précipitai à mon tour, je la serrai dans mes bras ; j'arrosai son sein de mes larmes, & je m'écriai : « pre-

» nez-moi, sacrifiez-moi, faites de » moi ce que vous jugerez à propos, » je ne veux point être parricide ; » mais laissez moi le temps de subjuguer ce pauvre cœur, & d'en arracher l'image de M. L.... ».

A ce nom, ma mere se leva & me releva avec elle ; puis, me regardant d'un air pénétré, « non, me dit-elle, » il ne faut pas y penser. Dès que » votre cœur est engagé par une autre » passion, j'aime mieux mourir que de » vous rendre misérable. Mais qui est » ce M. L..., & comment a-t-il » mérité votre amour» ? La honte me retenoit dans le silence ; mais ma mere ayant répété la question, je la suppliai de ne point insister, & je lui dis que Matilde pouvoit l'informer, & de ma foiblesse & de mon malheur.

Comme je cherchois à être seule dans ce moment, j'ouvris une porte qui conduisoit au jardin par un petit escalier. Dans le trouble & la confusion où j'étois, le pied me manqua, & je tombai du haut des degrés jusqu'en bas. Ma mere accourut ; mais, ne pouvant me relever, elle appella du ſecours. Matilde & M. W.... qui étoient dans le jardin, vinrent en diligence & me leverent de terre ; mais je ne pouvois me tenir debout ; on me porta dans la maiſon, & le Chirurgien qu'on envoya chercher dit que je m'étois démis la cheville du pied.

Il fallut la remettre. Au milieu de la douleur que je ſentis dans l'opération, j'avois une ſecrette joie de cet accident, parce qu'il devoit retarder, au moins de quelques jours, un évènement que je craignois plus que la mort. Mon cœur étoit encore plein de tendreſſe pour le Capitaine, & les ſentimens que j'avois pour M. W.... excluoient celui de l'amour.

Ma mere me dit le lendemain que Matilde l'avoit inſtruite de toutes les particularités de ma liaiſon avec le Capitaine ; que, quoiqu'elle ne doutât point que cette affaire ne fût pure galanterie de la part du Cavalier ; & de la mienne, une enfance & une imagination

gination romaneſque, ſon amour pour moi l'avoit cependant fait conſentir à ce que Matilde écrivît au jeune homme pour l'informer de ma poſition ; & que, ſi ſa réponſe contenoit la déclaration d'une paſſion ſérieuſe & honorable pour moi, elle me promettoit de ne jamais s'oppoſer à mon inclination, d'attendre volontiers ſon retour, & de donner ſon agrément pour notre union ; mais que ſi au contraire.....

« Arrêtez, m'écriai-je, arrêtez, » ma très-chere mere ; vous avez été » au-delà de mes deſirs. Car ſi le Ca- » pitaine héſitoit un moment de m'ac- » cepter pour femme, non-ſeulement » ma main ſeroit libre, mais mon » cœur auſſi, & je ſerois en état de » les donner l'un & l'autre, ſans ré- » pugnance, à celui ſur lequel votre » prudence feroit tomber ſon choix ».

Ma mere m'embraſſa, & des larmes de tendreſſe coulerent ſur nos joues. Je me crus en ce moment la plus heureuſe des mortelles. Matilde nous joignit pour nous faire lire ſa Lettre an

Capitaine. Je trouvois qu'elle lui avoit dépeint foiblement mon affection pour lui, & l'embarras où j'étois; mais comme ma mere l'approuvoit, je n'osai faire aucune objection. Je me contentai de lui faire promettre d'ajouter une apologie de ma conduite contre les fausses idées & les soupçons désavantageux qu'il sembloit en avoir pris.

Vous savez, mon cher Edouard, que ma mere étoit la probité même. Elle étoit incapable de tromper volontairement personne dans les plus petites occasions comme dans les grandes. Quoique l'accident de ma chûte eût empêché M. W.... de presser pour la réponse à sa proposition, ma mere prit le parti de lui dire que j'avois un ami en Amérique, sans l'aveu duquel je ne voulois pas me marier, qu'on venoit de lui écrire, & qu'il sauroit la réponse dès qu'elle arriveroit.

M. W.... reçut cela de fort mauvaise grace. Il dit qu'il n'auroit jamais imaginé que, pour accepter des offres telles que les siennes, il me fallût l'attache de ce Tuteur, dont il n'avoit pas encore été queſtion; qu'au reſte, il n'y avoit pas grand riſque à la demander, parce que ſa réponſe pouvoit venir avant ma parfaite guériſon : mais qu'il ne nous croyoit point aſſez foibles pour refuſer ſon alliance, quand cet ami particulier ne la trouveroit pas de ſon goût.

Quoique ma mere fût extrêmement choquée du ton qu'il prenoit, elle me cacha la dureté de ſes expreſſions. Et je lui ſavois bon gré à lui-même de ne pas pouſſer plus loin, pour le moment, les prétentions d'une paſſion déſagréable, & dans laquelle je ne pouvois entrer.

Matilde fut obligée de retourner chez elle à Bath. Ma mere avoit l'attention de ne pas quitter ma chambre, & ne permettoit pas les longues viſites à M. W.... ſous prétexte du repos dont j'avois beſoin. Il s'ennuya de la ſolitude où il ſe trouvoit ſouvent, &, à ma grande ſatisfaction, il partit pour Londres.

En moins d'un mois je fus en état de marcher, avec un peu d'aide. Je mourois d'envie de ſortir de la maiſon de M. W.... perſuadée que Matilde m'avoit juſtifiée dans l'eſprit du Capitaine; je me figurois que la Lettre qu'on en attendoit romproit tout commerce avec notre Hôte, & dans ce cas je voulois éviter une entrevue qui devoit lui faire de la peine auſſi bien qu'à moi.

Je preſſai donc ma mere d'emprunter à Briſtol l'argent néceſſaire, & de retourner à Bath. Je n'eus pas de peine à l'obtenir. Elle emprunta même plus qu'elle n'avoit d'abord projetté, parce que nous allions être dans le cas de dépenſer, ſoit que mon mariage ſe fît avec M. W.... ſoit qu'il nous fallût attendre le retour du Capitaine à Londres. L'emprunt fut de deux-cents livres ſterling, ſur ſon annuité, aux conditions que le riche qui prête impoſe ordinairement au malheureux qui emprunte. Je regardois alors cet argent comme une ſomme immenſe, ſans ſonger qu'il y en avoit plus de la moitié de dû, y compris ma dette à M. W...

Ma mere lui écrivit une Lettre très-polie, pour le remercier de toutes ses civilités, & l'informer de notre retour à Bath, où il nous rejoignit bientôt. Il m'apporta de jolis bijoux, avec d'autres présens que je refusai absolument. Ma délicatesse fut même offensée de ce qu'il osoit me les offrir, comme s'il étoit bien assuré que je devois être sa femme.

A mesure que le temps où nous pouvions recevoir une Lettre du Capitaine approchoit, je comptois les heures, & je me réjouissois quand elles étoient passées. L'inquiétude perçoit dans mes regards & mes discours. Je me levois au moindre bruit, & à chaque personne qui frappoit à la porte je demandois ce qui l'amenoit. Enfin je vis arriver le moment fatal qui devoit changer mes espérances passionnées en un affreux désespoir.

Matilde vint au logis un matin, & demanda un tête-à-tête à ma mere.

Son air ſombre annonçoit les nouvelles qu'elle apportoit. Je me mis à crier : « Je ne vous quitterai point, je ſais » déjà mon malheur, il eſt mort ». Non, dit-elle froidement, il n'eſt pas mort, & elle me donna la Lettre qui contenoit ce qui ſuit :

« Ma chere Dame, après l'honneur » que vous m'avez fait de m'écrire, » & le plaiſir que j'ai eu d'apprendre » des nouvelles de votre ſanté, vous » ne me regarderez pas comme un in- » grat, ſi je ſuis fâché que vous ayez » employé du temps & du papier à » me conter des particularités d'une » perſonne qui ne vit dans ma mé- » moire que parce que je me ſouviens » de l'avoir vue quelquefois avec vous.

» Mais comme toutes les préférences » ſont flatteuſes, je ſerois un impoli » de ne pas remercier Miſs S.... de » celle qu'elle me donne, & à laquelle » il faut pourtant que je me refuſe. » Je ſouhaite de tout mon cœur qu'elle » ſoit heureuſe avec Sir James D..., » ou M. W.... ou tout autre qu'elle

» voudra honorer de ſa belle main,
» pourvu que ce ne ſoit pas votre
» très-humble ſerviteur T. L ».

Toutes mes facultés demeurerent ſuſpendues après la lecture de cette Lettre inſultante : mes ſoupirs & mes larmes ne pouvoient ſe faire un paſſage, & je reſtai comme une perſonne étourdie par un coup violent. Revenue de cet état de ſtupeur, je jettai loin de moi cet odieux papier, & prenant ma mere par la main je lui dis, en faiſant le plus grand effort pour paroître tranquile : « ah, Madame ! quel pauvre
» ſacrifice je puis faire maintenant
» à mon devoir ! un cœur & une main
» rebutés. Mais diſpoſez-en comme il
» vous plaira, & hâtez-vous de le
» faire, tandis que ma raiſon peut le
» ſoutenir ».

Ma mere fut plus allarmée de ce calme forcé qu'elle ne l'eût été de me voir dans un accès de colere ou de déſeſpoir. Elle verſa des larmes en abondance, & mit en œuvre toutes les reſſources de la tendreſſe. En tout autre temps, ſa bonté inépuiſable m'auroit transformée en Niobé. Mais la douleur qui m'avoit ſaiſie étoit ſi forte, qu'elle ne pouvoit être adoucie par ſes larmes, ni diſſipée par les miennes. J'étois vraiment dans une criſe qu'on ne ſauroit rendre.

Je gardai la chambre pluſieurs jours, ſous le prétexte d'un mal de gorge, qui m'épargna les viſites de M. W.... & me donna le loiſir de réfléchir ſur ma ſituation. Je me conſiderois comme une victime qu'on alloit immoler, & je me préparois à ſoutenir courageuſement le rôle que la fortune me deſtinoit.

M. W.... montra la derniere impatience pour notre mariage, & en moins de ſix ſemaines, à compter de la Lettre du Capitaine, je fus conduite à l'Autel pour devenir une des plus malheureuſes femmes qu'il y eût au monde.

Je m'efforçai en vain de prendre un air de contentement avec un cœur navré. Incapable de tromperie ni d'artifice, le voile dont je tâchois de me couvrir ne put cacher les triſtes impreſſions que le chagrin avoit faites ſur mon ame. A tout moment mon mari me reprochoit ma mauvaiſe humeur & mon ingratitude, & il accuſoit ma mere de l'avoir engagé dans une alliance ſi contraire à ſes intérêts & à ſon bonheur.

Par égard pour cette tendre mere, je fis les derniers efforts pour plaire, mais preſque toujours ſans ſuccès ; & je vis avec un regret infini, que ce mariage l'avoit rendu beaucoup plus malheureuſe qu'elle ne l'eût été dans toute autre ſituation.

Le bien de M. W.... étoit dans le Comté de Dévon. Il avoit là un ancien Château qu'il tenoit de ſes peres. Je deſirois ardemment d'y paſſer mes jours dans la ſolitude & la paix. Mais comme il me diſoit ſouvent qu'il ne penſoit pas que nous fiſſions à nous deux un agréable tête-à-tête, il vendit ſa maiſon de Briſtol & vint s'établir à Bath, d'où il faiſoit de fréquens voyages à Londres ou ailleurs, quelquefois d'un mois ou ſix ſemaines.

Lorſqu'il étoit abſent je ne ſortois gueres que pour aller à l'Egliſe ou pour faire quelque viſite de cérémonie, ou pour paſſer une heure de temps, & rarement la ſoirée, chez Matilde.

Je n'avois pas prononcé le nom du Capitaine L.... depuis mon mariage, ni devant Matilde, ni devant ma mere, ni devant aucun autre. C'étoit un ſacrifice que je croyois devoir à mon mari. J'aurois fait plus, ſi j'en avois été la maitreſſe, je n'y aurois plus penſé de ma vie.

Un ſoir que M. W.... étoit abſent, ma mere & Matilde firent tant qu'elles me perſuaderent d'aller à une aſſemblée de bal. Mes eſprits furent vivement affectés par une ſcene qui me rappelloit des jours plus heureux; je me laiſſai tellement abſorber dans mes réflexions, qu'à peine entendois-je le bruit de la muſique, & appercevois-je le mouvement des Danſeurs, parmi leſquels ſe trouvoit Matilde.

J'étois aſſiſe ſur un banc vis-à-vis la porte de la ſalle, & j'avois demeuré long-temps dans une rêverie profonde lorſque mes yeux, jettés au hazard, ſe porterent ſur un homme qui parloit à une Dame aſſiſe devant moi. Je fus frappée de ſa figure, & ſi mon eſprit héſita, mon cœur ne douta point que ce ne fût le Capitaine L....

Cette rencontre inattendue fit ſur moi l'effet d'un coup de foudre. Ma vue s'obſcurcit, mon eſtomac fut bouleverſé, mes ſens ſe glacerent, & ma tête tomba inſenſiblement ſur la Dame qui étoit ma voiſine.

Je ne ſais ce qui ſe paſſa dans cet état; mais lorſque la connoiſſance me revint je me trouvai à ma maiſon, ma mere pleurant à côté de moi, & M. W.... jettant feu & flamme, non contre mon indiſpoſition, mais contre la cauſe à laquelle il l'attribuoit. Il diſoit dans le moment, au Chirurgien qui venoit de me ſaigner, qu'il m'avoit ſurpriſe dans une intrigue, & que ma défaillance avoit été occaſionnée par ſon apparition ſubite & imprévue dans le moment où je faiſois la converſation avec mon Galant, & par les différentes paſſions de l'amour, de la haîne & de la crainte dont le choc violent avoit arrêté le cours de mes eſprits.

Quelle étrange maladie que la jalouſie ! elle réaliſe les chimeres, & tire des conſéquences ſans principes. Je ne m'entretenois point avec le Capitaine ; c'étoit lui qui parloit à une autre Dame. Je ne vis pas mon mari non plus, juſqu'à ce que mes yeux s'ouvrirent dans ma chambre. Je le laiſſai cependant exhaler ſa bile & vomir un torrent d'injures ſans l'interrompre. Sa fureur ne trouvant aucune réſiſtance tomba faute de pâture, & il ſortit de ma chambre avec le Chirurgien.

On me mit au lit. Je me propoſai d'ôter la bande de mon bras dès qu'on me laiſſeroit ſeule, & de laiſſer couler mon ſang juſqu'à la derniere goutte. Mais avant de pouvoir exécuter ce projet, il ſe préſenta mille raiſons pour le combattre & retenir ma main tremblante. Qu'avois-je fait pour mériter la mort? Ce coup de déſeſpoir n'alloit-il pas confirmer l'accuſation calomnieuſe de mon Tyran ? Et pouvois-je laiſſer ma mere accablée, à la fois, de ſes propres chagrins & de mon infamie ?

Peut-être que l'amour de la vie plaidoit ſecrettement avec plus de force que tous les autres motifs. Peut-être que lui ſeul arrêta le premier mouvement qui me portoit au crime. Hélas ! mon cher Edouard, combien de fois n'ai-je pas regretté de n'avoir pas commis celui-là, parce qu'il m'eût épargné ceux dans leſquels je ſuis tombée depuis? Comme s'il n'y avoit pas eu d'autre moyen de les éviter, & qu'il fallût ſe tuer ſoi-même pour ne plus pécher.

A la violente agitation de mes eſprits ſuccéda la plus grande foibleſſe. Je pleurai toute la nuit ; & quand ma mere s'approcha de mon lit le matin, à peine étois-je en état de répondre aux tendres questions qu'elle me faisoit sur ma santé.

Elle me dit que M. W.... étoit pleinement informé de mon attachement pour le Capitaine, quoiqu'il n'en eût rien témoigné jusqu'à présent. Elle soupçonnoit Matilde de l'avoir si bien mis au fait. M. W.... à ce qu'elle me raconta, prévenu de l'arrivée du Capitaine à Bath, étoit parti de Londres sur le champ, & apprenant chez lui que j'étois au bal, il étoit entré dans une furieuse colere, & avoit invectivé contre moi par tous les propos que l'erreur & le ressentiment peuvent dicter.

Ma pauvre mere crut modérer sa fureur en l'assurant que c'étoit la premiere fois que j'allois aux assemblées depuis les diverses absences qu'il avoit faites. Mais, tout au contraire, elle fortifia ses soupçons. Il en conclut plus hardiment que c'étoit un rendez-vous. Il s'habilla en conséquence très-promptement, vint à l'assemblée, &

le malheur voulut qu'il y entrât justement à l'instant que le Capitaine s'avançoit vers l'endroit où j'étois.

Il tourna tout contre moi, les apparences & les pensées. Il n'y avoit pas jusqu'à mon air & mon ajustement qui ne lui prouvassent que j'étois coupable. Aussi fus-je condamnée sans autre examen. Il déclara qu'il ne vouloit plus vivre avec moi, & donna ordre qu'on me fît partir sans délai pour sa maison du Comté de Dévon, où il auroit soin que je ne fusse plus exposée, ni lui déshonoré.

Tel fut le rapport de ma mere.

Un misérable qui se voit jugé ne peut jamais recevoir de plus grande consolation que celle que j'eus alors. Avant que l'erreur de mon mari m'eût couverte de honte, j'avois soupiré après la solitude, & je desirois vivement de quitter le monde, lorsque je n'avois encore aucun sujet d'appréhender que le monde m'abandonnât. Mais dans ma situation présente rien n'étoit plus cher à mon cœur affligé que l'idée d'une retraite qui me séparoit absolument de tous les humains, excepté de ma mere.

Je me levai avec la vivacité que donnent la santé & la joie. Je m'écriai que j'étois prête à obéir aux ordres de M. W.... « Partons dans le moment, » ajoutai-je, partons, ma chere mere, » & fuyons pour jamais ce funeste lieu, » la scene de tous nos malheurs ».

Ma mere me répondit en soupirant; « votre mari m'a refusé la permission » de vous accompagner. Il ne veut » pas que je sois témoin des traite- » mens que sa tyrannie va vous faire » essuyer. Je ne vous verrai plus, ma » chere fille, ni vous ni vos souffran- » ces, mais mon cœur en sera tou- » jours pénétré; car c'est moi qui en » suis la cause. Le devoir filial, plutôt » que l'ambition, vous a rendu la vic- » time de ce mariage inégal. J'ai plus » respecté les opinions du monde que » le bon sens naturel, & la faute d'une » mere se trouve aujourd'hui sévere- » ment punie dans sa fille innocente ».

Ce difcours fut fuivi de nos larmes que nous mêlâmes enfemble.

L'idée d'être féparée d'une mere fi tendre & fi vertueufe fit une telle impreffion fur moi que je tombai prefque fans fentiment fur mon oreiller. Ce qui me tourmentoit encore, c'eft que je favois, qu'arrachée de moi, elle n'auroit plus les moyens de fubfifter, & que je ne pouvois compter que M. W.... fût affez généreux pour y pourvoir & adoucir fes chagrins.

Depuis le jour du bal jufqu'à mon départ je ne fortis point de ma chambre à coucher, & je ne vis perfonne que ma mere & une fervante nouvelle qu'on m'avoit donnée, pour me furveiller plutôt que pour me fervir. C'étoit, comme on peut le fuppofer, un efpion gagé qui devoit rendre compte de mes actions pendant mon exil. Dans ma déplorable fituation, ce fut encore une circonftance heureufe que M. W.... (car je ne l'appellerai plus mon mari) m'épargnât fon odieufe préfence & fes indignes reproches tout le temps que je reſtai encore chez lui.

Matilde ne vint pas me voir une ſeule fois; mais ce n'étoit pas le premier ſujet qu'elle m'eût donné de ſoupçonner ſa fauſſeté & ſa perfidie. Je craignois qu'elle n'eût été la ſeule cauſe de ma rupture avec le Capitaine, & cette idée faiſoit, non-ſeulement revivre ma paſſion pour lui, mais y ajoutoit une tendreſſe & une compaſſion qui me rendoient infiniment plus malheureuſe que je ne l'étois avant la brutalité de M. W.... L'état de divorce où la violence de celui-ci m'avoit réduite ſembloit rompre le lien ſolemnel & ſacré qui retenoit mon cœur captif, & mes affections ne ſe portoient que plus impétueuſement vers leur premier objet.

Il ſeroit impoſſible de décrire les angoiſſes que j'eus à ſouffrir, lorſque j'arrivai au moment cruel de ma ſéparation d'avec ma mere. Elle me tenoit lieu de tout dans l'univers; elle y étoit du moins la ſeule dont je croyois être véritablement aimée. Nous partîmes. A ſa ſollicitation je promis d'écrire à M. W.... dès que mon eſprit ſeroit un peu remis, pour le détromper ſur ma conduite qui juſqu'à ce moment étoit vraiment irreprochable.

Nous arrivâmes plus mortes que vives, moi & ma ſervante, à la priſon qui m'étoit deſtinée. La maiſon étoit vieille, grande, obſcure & délabrée, les meubles antiques comme le bâtiment. Elle étoit ſituée ſur une côte ſéche & ſtérile, à l'oppoſite de la côte d'Irlande. Les dix ou douze premiers jours que je paſſai dans cette affreuſe demeure je me plaiſois dans le ſilence & la ſolitude qui m'environnoient. Mon domeſtique étoit compoſé de trois ſervantes & un vieux jardinier. J'étois ſouvent des journées entieres ſans entendre d'autre bruit que le mugiſſement de la mer, le croaſſement des corbeaux & l'abboiement d'un chien de baſſe-cour.

A meſure que mon eſprit ſe raſſit,

l'horreur de ma poſition me devint plus ſenſible. Au bout de quelque-temps, j'aurois préféré un cachot où j'aurois pu m'entretenir avec une créature humaine, à la liberté de parcourir de vaſtes chambres inhabitées, & à cette profonde ſolitude que j'avois goûtée d'abord.

On trouve de la ſociété dans les Monaſteres, & dans les priſons même on a des compagnons, dont le commerce ne laiſſe pas d'être un ſoulagement pour les malheureux. Là j'étois miſérable & ſeule. Je me regardois ſouvent comme une criminelle enterrée toute vive, ſéqueſtrée du monde entier, & ne connoiſſant plus ſa propre exiſtence que par de continuels regrets.

Je cherchai à me diſtraire par la lecture ; mais je ne trouvai pas un ſeul volume capable de m'amuſer. Le peu qu'il y en avoit étoient des livres de dévotion. Mais comme ils étoient écrits ſur des principes fanatiques, ils étoient, ou ſi ridiculement abſurdes, qu'ils inſpiroient du dégoût, ou bien d'une rigidité ſi outrée, qu'ils menoient au déſeſpoir.

J'écrivis à M. W.... comme je l'avois promis. Je n'en eus aucune réponſe. Mais, ce qui étoit infiniment plus déſolant pour moi, c'eſt que durant huit mois qui s'étoient écoulés depuis ma détention, avec une lenteur inſupportable, je n'avois pas eu la moindre nouvelle de ma mere ni de perſonne qui m'intéreſſât.

Quand le temps le permettoit, je me promenois quelquefois au bord de la mer, & il m'arrivoit ſouvent de conter mes chagrins aux flots de ce ſourd & impitoyable élément. Souvent j'ai prononcé votre nom, mon cher Edouard, avec des ſoupirs & des vœux ardens que je confiois aux vents & aux flots comme s'ils devoient vous les porter. Ces vœux étoient pour votre retour, non pas auprès de moi, mais auprès de notre pauvre mere, afin que vous puſſiez l'aider & la conſoler. J'avoue cependant que le nom chéri du Capitaine L.... ſortoit encore plus fréquemment de ma bouche. Etoit-ce un crime? En me répudiant de fait avec tant d'inhumanité, ne me remettoit-on pas mes affections, ne me rendoit-on pas le droit de les tranſporter ailleurs?

Un ſoir que j'avois promené mes triſtes rêveries plus long-temps que de coutume, le crépuſcule m'avertit qu'il étoit temps de m'en retourner. J'allois regagner la maiſon lorſque j'apperçus, à très-peu de diſtance, deux hommes qui marchoient doucement derriere moi. Une rencontre ſi extraordinaire, & la peur qu'ils n'euſſent entendu mon ſoliloque, me mirent en déſordre. Je fus ſaiſie d'un tremblement univerſel, &, quoiqu'à leur démarche & à leur contenance ils ne paruſſent avoir aucun mauvais deſſein, je voulois fuir & je ne le pouvois.

Avant que j'euſſe repris le courage & la force qui me manquoient, un de ces deux hommes m'aborda, tandis que l'autre ſe retiroit comme s'il eût craint de m'effrayer. Je n'osai l'envisager, & je commençai à précipiter le pas ; mais en vain tentois-je la fuite ; je ne pouvois échapper au son d'une voix connue qui frappa mon oreille, & qui m'adressa ces paroles : « ô ma » chere S.... abusée, malheureuse, » & toujours adorée, ne craignez pas » que je vous fasse aucun mal ».

La surprise, la terreur, l'espérance, la crainte, la colere, l'amour, la joie, la tristesse, en un mot, toutes les passions du cœur humain, hors la haîne, fondirent sur mon ame avec tant de violence, qu'il me fut impossible d'ouvrir la bouche. Il profita de mon silence pour continuer.

« J'ai cherché, me dit-il, depuis » long-temps l'occasion de vous par» ler ; mais ma tendresse, ma délica» tesse, mon respect pour la seule » femme que j'aie jamais aimée, & » que je puisse aimer, m'ont inter» dit jusqu'ici toutes les voies dont » l'usage auroit pu faire tort au ca» ractere de la femme de M. W....

» & juſtifier ou accréditer la calomnie
» dont il a noirci votre réputation.
» Voici enfin l'heureux moment que
» je cherchois. Et ſi jamais vous m'a-
» vez aimé, vous ne refuſerez pas de
» m'écouter un inſtant, lorſque je vous
» dis que vous avez été cruellement
» trompée.

« Je le ſais, Monſieur, lui dis-je;
» vous n'avez pas beſoin de m'inſ-
» truire de votre perfidie. C'eſt à vous
» ſeul que je dois tous mes malheurs;
» &, en comparaiſon de vous, M. W....
» lui-même eſt innocent. Laiſſez-moi
» donc; car ſi la dureté m'affranchit
» de tout devoir à ſon égard, ce que
» je me dois à moi-même ne me per-
» met pas de converſer plus long-
» temps avec vous ».

J'eſſayai de m'échapper de lui; mais il me retint, & fit vœu ſolemnellement de ne pas me quitter, à moins que je ne m'engageaſſe à une entrevue pour le lendemain, dans laquelle il pût ſe diſculper de l'infidélité dont je le chargeois, & qu'il nioit avec ſerment.

ment. Il ajouta que Matilde nous avoit trahis tous deux, & que c'étoit la plus vile créature qu'il y eût ſur la terre. Enſuite il me promit que, ſi je voulois l'entendre encore une fois, il ne m'importuneroit plus de ſa vie.

Le combat des paſſions contraires que j'éprouvois m'avoit preſque miſe hors de moi, & je tremblois que ſon imprudence ne me jettât encore dans de plus grands embarras. Je lui donnai parole de me retrouver le lendemain au même endroit, pourvu qu'il me quittât dans le moment. Car j'entendois déjà la voix des domeſtiques de la maiſon qui, ſurpris & inquiets de ce que je n'étois pas rentrée à mon heure ordinaire, étoient ſortis pour me chercher. Il me prit la main, la ſerra contre ſes lèvres, & ſe retira ſans rien dire.

Je regagnai la maiſon d'un pas tremblant. Je rencontrai ſur le chemin ma ſervante & le jardinier. J'avois l'air trop agité pour qu'on ne s'apperçût pas de mon trouble. Ils me demanderent naturellement s'il ne m'étoit rien arrivé, & si je n'avois pas pris d'épouvante. Je leur dis qu'ayant été surprise par la nuit, j'avois eu peur de me trouver toute seule, & que la précipitation avec laquelle j'étois revenue m'avoit un peu fatiguée. Je demandai un verre d'eau en arrivant, & à me retirer pour me reposer.

Dès que je fus seule, je commençai à réfléchir sur une aventure si extraordinaire, & sur la foiblesse que j'avois eue de consentir à revoir une personne qui m'avoit méprisée & rejettée avec la derniere insolence.

Il étoit cependant plus aisé d'expliquer ma conduite en cette occasion, que de rendre raison de la sienne. La passion, l'amour-propre, la curiosité, tout me poussoit à chercher le fil de ce labyrinthe où j'étois tombée. Mais quel pouvoit être son motif? de me tourmenter encore? de poursuivre une malheureuse qui, déjà retranchée du monde, n'avoit, ni la volonté, ni le pouvoir de lui nuire en rien, ni de le traverſer dans aucun de ſes projets? Non, cela n'étoit pas vraiſemblable.

Ce qu'il m'avoit dit en gros de Matilde m'embarroiſſoit encore davantage. C'étoit la compagne de ma jeuneſſe, l'amie de mon cœur, la confidente de mes plaiſirs & de mes peines. Je me rappellois bien quelques traits de légèreté & de mauvaiſe volonté de ſa part; mais qu'elle fût capable d'une trahiſon auſſi noire, je ne pouvois le comprendre. Il me ſembloit que la nature n'auroit jamais produit un pareil monſtre.

En ſuppoſant qu'elle fût un démon caché ſous la figure d'une femme, comment concevoir qu'elle eût exercé gratuitement ſa malice ſur moi, qui ne l'avoit jamais offenſée; qu'elle eût pris plaiſir à me perdre ſans aucune vue d'intérêt? Car quel avantage pouvoit-elle tirer de ma deſtruction?

Plus je m'arrêtois à ce que le Capitaine m'avoit touché ſur cet article, moins j'y voyois de probabilité. Je me figurois quelquefois qu'il ne m'avoit nommé Matilde que pour donner une pâture à ma curiosité. La nuit se passa toute entiere sans pouvoir former la moindre conjecture raisonnable sur sa conduite, ni aucune détermination sur celle que j'avois à tenir. Je résolus cent fois de manquer au rendez-vous donné, & cent fois je changeai d'avis.

Je ne finirois pas si je voulois rapporter les argumens, pour & contre, que l'amour & la raison me suggéroit tour-à-tour. A la fin mon mauvais génie prévalut. Je me décidai à donner audience au Capitaine pour cette fois seulement.

Je me mis au lit à six heures du matin, pour faire croire à ma servante que j'avois dormi comme à l'ordinaire. Quelque-temps après que je fus couchée, la fatigue & l'épuisement me jetterent dans un assoupissement dont je fus bientôt tirée par un songe qui ne m'affecta pas moins que l'auroit pu faire la réalité.

Je crus voir mon pere avec cet air décharné & moribond qu'il avoit, lorsqu'il me donna ſa derniere bénédiction. Je me jettai à ſes genoux, & je tâchois de l'embraſſer ; mais il ſe détourna de moi & s'enfuit. Je me levai ; je le pourſuivis juſqu'au bord d'un précipice. Là il revint ſur moi, me prit par le bras, & me plongea avec lui dans un gouffre. Je me reveillai en pouſſant un grand cri. Je croyois être entraînée dans le précipice, & je fus quelque temps en doute ſi c'étoit le délire d'un cerveau malade ou une véritable apparition. Je vis ſeulement que c'étoit un rêve, quand je me reconnus à la même place où je m'étois couchée.

Je ſortis de mon lit pour me promener dans ma chambre. Je voulois ſecouer l'eſpece d'horreur que ce ſonge avoit imprimée dans mon corps & dans mon ame. J'en étois ſi pénétrée que les forces me manquerent. Mes ſens étoient glacés & tous mes membres engourdis.

Je ne commençai à me remettre que vers le ſoir. Je ne ſuis pas ſuperſtitieuſe. D'ailleurs, quels crimes avois-je faits qui pûſſent évoquer des Ombres & m'attirer la viſite d'un ſpectre? Ma vie étoit innocente, quoique malheureuſe, & mon ame continuoit d'être pure, quoique provoquée par les injures les plus atroces.

Les réflexions que cet incident me fit faire ſur l'extrême bonté & les éminentes vertus de mon pere, contribuerent plus que toute autre choſe à me remettre dans mon aſſiette. C'étoit un parfait Chrétien, par la foi & par les mœurs. Son caractere ne démentoit pas ſa converſation; ſon exemple ſervoit de préceptes. Il n'étaloit pas une morale d'emprunt; il ne prêchoit que ce qu'il pratiquoit. Sa doctrine étoit exacte, mais indulgente, & la charité ne ſouffroit point de ſon zèle. Auſtere dans ſes maximes, ſon cœur, & ſes réprimandes même, ne reſpiroient que la douceur.

Ces bonnes penſées m'éleverent à un enthouſiaſme de dévotion. Je me mis à genoux pour remercier Dieu de m'avoir fait naître de deux ſources auſſi pures que l'étoient mon pere & ma mere. Je lui demandai en même temps, avec la plus grande ferveur, de ne pas permettre qu'il y eût rien dans mes actions & dans mes penſées qui me rendît indigne d'une origine que je trouvois préférable à celle des Rois & des Princes.

Plus l'heure du rendez-vous promis approchoit, plus mon inquiétude & ma crainte augmentoient. Cependant les motifs dont j'ai déjà parlé, joints à la curioſité de ſavoir à qui de Matilde ou du Capitaine je devois m'en prendre, agirent ſi puiſſamment ſur moi, que je ne pus réſiſter à la tentation de hazarder l'entrevue. Je deſcendis doucement par un eſcalier dérobé qui donnoit dans mon appartement, & je me gliſſai hors de la maiſon ſans être vue de perſonne.

J'étois ſi troublée que je ſavois à peine ce que je faiſois. Tantôt je courois vers le rivage comme ſi j'avois été pourſuivie par des bêtes féroces ;

tantôt je m'arrêtois tout court & je reſtois immobile comme une ſtatue. Enfin j'apperçus le Capitaine à quelque diſtance. Il accourut à moi & me prit dans ſes bras. Je ne pus d'abord proférer un ſeul mot, tant je pleurois à chaudes larmes.

Dès que la parole me revint, je pris un air de dignité & de reſſentiment, pour lui dire qu'il ne devoit plus me regarder comme une amie foible & tendre, mais comme un juge offenſé qui venoit entendre comment il pouvoit pallier des procédés lâches & cruels.

Il me ſerra de nouveau dans ſes bras & s'écria : « ô que ne puis-je réparer » les maux que vous avez ſoufferts, » auſſi facilement que je puis vous » démontrer que je n'en ſuis pas l'au» teur ! vous ſériez à moi, nous ſe» rions heureux..... nous pouvons » l'être encore.... mais non. Victimes » de la fourberie & de la méchan» ceté, nous continuerons d'être mi» ſérables, parce que Matilde & votre

» mari ont conjuré de nous rendre » tels ».

« Le fatal nom de *mari*, lui répon- » dis-je, a mis une barriere éternelle » entre le bonheur & moi. Mais quand » mon tyran n'existeroit plus, com- » ment auriez-vous assez mauvaise opi- » nion de moi pour croire que je me » donnerois à un homme qui m'a re- » jettée & méprisée ? Il n'y a ni ca- » resses ni artifices qui puissent gagner » sur mon cœur, mortellement blessé, » le pardon d'un si grand outrage ».

Il me pria d'entendre sa justification. Il m'apprit d'abord qu'une année avant que je vinsse à Bath il y avoit été, comme font d'autres jeunes gens, pour s'amuser; qu'il y avoit logé, par hazard, dans la même maison que Matilde & son mari, qui eurent constamment les meilleures façons pour lui; que, n'ayant point d'attachement particulier, il s'étoit dévoué entierement à eux; qu'il entroit dans toutes leurs parties & ne les quittoit jamais.

Il m'avoua que, de toutes les femmes

qui étoient pour lors à Bath, Matilde étoit celle qu'il avoit le plus aimée. Il eut lieu de ſe flatter qu'il ne lui étoit pas déſagréable; & jugeant par la légèreté de ſa conduite que ſa morale n'étoit pas fort ſévere, il profita d'un petit voyage que le mari fit à Londres pour s'en aſſurer, & fut bientôt confirmé dans ſon opinion.

Ce mauvais commerce ne dura pas long-temps. Commencé ſans paſſion, il finit par l'indifférence, au moins de ſon côté. Il quitta Bath ſans aucune envie d'y revenir, quoiqu'il fût ſûr d'y retrouver Matilde & ſon mari; car ils y étoient à demeure.

Quelques mois après il fut attaqué d'une maladie bilieuſe, pour laquelle on lui ordonna les eaux de Bath. Il venoit juſtement d'y recouvrer la ſanté, lorſque ma mere & moi nous y arrivâmes. J'ai déjà dit ce qui ſe paſſa dans le temps de notre premiere connoiſſance, & vous en êtes ſuffiſamment inſtruit, aux manœuvres près de Matilde, qui n'épargna rien pour rompre notre liaiſon & le rappeller à elle.

Le mauvais ſuccès de ſes premieres ruſes lui fit changer de batterie. Elle afficha une amitié toute particuliere pour moi, & devint notre commune confidente ; mais en même temps, ſous couleur de prendre encore plus les intérêts du Capitaine que les miens, elle lui remontroit ſouvent combien ſa famille ſeroit révoltée, s'il épouſoit une fille qui n'avoit ni rang ni fortune. Elle ne gagna rien pour lors. Ces conſidérations étoient trop foibles pour ébranler une forte paſſion ſoutenue par l'eſtime. En partant pour ſe rendre aux ordres de ſon pere, le Capitaine déclara hautement que ſes affections & ſes vues n'avoient rien que d'honnête, & que notre bonheur mutue étoit leur unique objet.

Ce fut pendant ce malheureux temps de l'abſence que les piéges & les malignes inſinuations de Matilde opérerent, par degrés, l'effet qu'elle en attendoit. Il m'avoua qu'elle avoit fabriqué une hiſtoire contre moi, tiſſue avec tant d'adreſſe & de naturel, & ſi bien concertée dans tous ſes points, que chacune de ſes parties ſembloit garantir la vérité du tout.

Il n'y eut pas juſqu'à mon indiſcrétion à me laiſſer entraîner au jeu par ſes ſuggeſtions, qu'elle n'envenimât. Elle la repréſentoit méchamment comme un vice qui s'étoit déclaré chez moi. Non contente de rapporter les circonſtances de la dette que j'avois contractée avec M. W.... elle les exageroit & les accompagnoit de réflexions malignes qui me plaçoient dans le jour odieux d'une fille décidée à tirer parti de ſa jeuneſſe & de ſa beauté aux dépens de ſon honneur.

Enfin les avis qu'il en recevoit de emps à autre, toujours donnés de la maniere la plus plauſible, & aſſaiſonnés à propos d'expreſſions tendres & compatiſſantes ſur ma malheureuſe conduite, me ravirent, à la longue, oute l'eſtime qu'il avoit conçue pour moi. Eux ſeuls, diſoit-il, avoient dirigé ſa plume, lorſqu'il m'écrivit ſur le point de s'embarquer pour l'Amérique.

Quel récit à entendre pour moi dans les affreuſes circonſtances où j'étois ! Sa juſtification, en développant les cauſes profondes de mon malheurs, m'y rendoit encore plus ſenſible. Je le trouvois d'autant plus grand, que le principe en étoit plus extraordinaire. Je n'aurois jamais imaginé que la nature humaine fût capable de tant de baſſeſſe & d'horreur. Il ſembloit qu'elle eût produit exprès pour moi le monſtre qui s'étoit acharné contre moi. Mes larmes, & celles du Capitaine, ſuſpendirent ſon récit, qu'il reprit enſuite en ces termes.

« Lorſque j'eus quitté l'Europe, le » poiſon que la correſpondance de Ma- » tilde avoit diſtilé contre vous, n'eut » plus la même action. Ma paſſion & » la réflexion reprirent leurs droits, & » je commençai à douter de la vérité » de tant de choſes extraordinaires » qu'elle m'avoit débitées ſur votre » compte. Mon imagination ne vous

» peignoit plus qu'avec la fleur de la
» jeunesse & les graces de la beauté.
» Votre candeur, votre innocence,
» la simplicité de vos mœurs, se re-
» traçoient fortement dans mon esprit.
» Est-il possible, disois-je en moi-
» même, qu'un si beau caractere soit
» devenu tout-d'un-coup si pervers?
» Ce changement est contre nature,
» & ce qui est contre nature est im-
» possible, ou du moins incroyable.

» C'est ainsi, ma chere S.... que
» je plaidois votre cause contre votre
» ennemie. Malheureusement je ne la
» considerois pas encore sur ce pied-là.
» Je la regardois simplement comme
» une femme qui, étant vicieuse elle-
» même, n'avoit que trop de penchant
» à prendre les actions des autres dans
» le plus mauvais sens dont elles étoient
» susceptibles.

» Prévenu de cette idée, je lui écri-
» vis encore une fois pour lui com-
» muniquer mes doutes, non sur la
» sincerité de ses rapports, mais sur
» la vérité des interprétations qu'elle

» donnoit à votre conduite. Je lui dis » que les accusations vagues, les soup- » çons & les ouï-dire, n'étoient pas » des preuves suffisantes, quand il s'a- » gissoit d'un trésor aussi précieux que » l'honneur, & je lui demandois des » faits plus authentiques & plus no- » toires pour appuyer ses médisances.

» Elle me répondit que, n'y ayant » plus de communication entre vous » & moi, elle ne risquoit plus rien de » me parler hardiment, & m'assura » sans détour que vous viviez publi- » quement avec M. W.... sans pré- » judice à une intrigue particuliere » avec Sir James D.... que l'un & » l'autre de ces Messieurs fournissoient » aux appointemens nécessaires pour » l'extravagance de votre parure, vos » fantaisies & vos plaisirs; que vous » les reteniez tous les deux dans vos » filets par la rivalité que vous ména- » giez entr'eux, & que vous aviez » soin de les rendre encore, tour-à- » tour, jaloux d'un tiers en leur fai- » sant peur de moi.

» A la Lettre qu'elle m'écrivit de » Bristol, pour vous contenter, disoit- » elle expressément, elle en joignit » une autre, où elle me mandoit que » vous étiez enfin venue à bout de dé- » terminer M. W.... à vous épouser, » parce que vous étiez grosse, & que » le but de la Lettre qu'elle m'en- » voyoit étoit, ou de faire de moi une » dupe, si j'acceptois; ce qu'elle pen- » soit que vous aimeriez mieux : ou » de vous faire un mérite auprès de » M. W.... de la préférence que vous » lui donneriez sur moi.

» Je ne puis vous exprimer à quel » point monta mon ressentiment dans » cette occasion. J'aurois répondu à la » proposition dans les termes les plus » outrageans, si l'amour & la ten- » dresse, qui survivoient à mon estime » pour vous, n'eussent retenu ma main » & ne m'eussent dicté les lignes froi- » des, mais sans emportement, qui » vous ont causé tant de peines ».

Ses regrets & les miens firent encore ici une triste pause, après laquelle il me raconta que, retourné en Angleterre pour voir ſon pere attaqué d'une maladie dangereuſe, il avoit été violemment tenté de chercher quelqu'occaſion de me reprocher mon infidélité. Il vouloit me confondre en me témoignant toute l'horreur & le mépris que peut concevoir un homme, & un Militaire, pour une femme aimée qui renonce publiquement à l'honneur & à la vertu.

Il en écrivit à Matilde, qui s'oppoſa de toute ſa force à ce projet. « Ce » n'étoit pas, diſoit-elle, un bon ſigne » qu'il fût guéri de ſa folle paſſion, & » il y avoit grande apparence que tout » ſon reſſentiment n'étoit que de l'a» mour. C'étoit d'ailleurs un ſujet de » triomphe qu'il me donneroit, parce » que je ne manquerois pas de le re» garder encore comme mon eſclave. » Et qui pouvoit prévoir ſi je ne l'en» gagerois pas dans un duel avec M. » W.... qui étoit extrêmement ja» loux, & qui avoit de bonnes raiſons » de l'être? Il étoit du moins très-

» probable que je changerois volon-
» tiers mon habit de noces contre un
» habit de veuve ».

Déterminé, malgré ce conseil, à venir à Bath, il écrivit un mot à Matilde, pour lui faire savoir qu'il y seroit un tel jour, & il eut sujet de croire depuis, que c'étoit elle qui en avoit averti M. W.... puisque celui-ci arriva précisément le même jour, & assez tôt pour le rencontrer à l'assemblée de cette nuit fatale, suivie de tant d'autres passées dans l'amertume & les larmes.

Je n'ai pas besoin de vous répéter, mon cher frere, quelles furent les suites de la malice infernale de cette femme. Jusqu'ici vous m'avez vu l'*innocente* victime de sa cruauté ; trop heureuse si j'avois conservé ce titre !

Mon évanouissement au bal, causé par la vue du Capitaine, reveilla sa premiere tendresse pour moi. D'ailleurs, l'inhumanité avec laquelle me traita M. W.... & qui fut bientôt divulguée par le Chirurgien, sembloit exiger ſa pitié pour une malheureuſe qu'on puniſſoit injuſtement pour un accident involontaire, & tout-à-fait exempt de crime.

Il vouloit aller le lendemain parler lui-même à M. W.... pour me juſtifier ſur le prétendu ſcandale de cette aventure, en tant qu'il pouvoit retomber ſur lui ; mais il en fut détourné par Matilde. Elle lui remontra que cette démarche ne feroit qu'aigrir le mal ; que de ſe mêler des altercations entre mari & femme étoit une choſe dangereuſe pour tout le monde, mais ſur-tout pour lui dans ces circonſtances, puiſque le plus mauvais médiateur qu'on pût choiſir pour les réconcilier, étoit l'Amant de la femme, c'eſt-à-dire, celui qui les avoit brouillés.

Elle lui conſeilla donc d'attendre en patience que la colere du mari, qui ſuſpectoit, & celle de la femme ſuſpectée, fuſſent appaiſées, & promit de s'entremettre elle-même, quand ils feroient plus en état d'entendre raiſon.

Tout le temps que je reſtai encore

à Bath, il y resta. Son inquiétude pour moi croissoit de jour en jour, par ce qu'il apprenoit, dans les assemblées, & principalement par le témoignage des gens du pays, qui parloient publiquement de mon aventure. Il vit que tout le monde prenoit mon parti, & que chacun établissoit mon innocence sur ce qu'on savoit de moi, & sur la bonne opinion qu'on avoit généralement de ma conduite & de mon caractere, à dater même du premier moment où j'étois venue demeurer dans la ville.

Enfin il lui revint de toutes parts que la jalousie de M. W.... ne pouvoit avoir d'autre fondement que les soupçons, qui ne suivent que trop naturellement la grande disproportion d'âge, & qui naissent particulierement dans l'esprit d'un homme qui a peu d'habitude avec les femmes, du moins les femmes honnêtes.

Des dépositions si unanimes en ma faveur, ne tarderent pas à le convaincre de la perfidie de Matilde, à laquelle il en fit un jour des reproches très-vifs. Elle y répondit en propres termes, & avec tout le ſang-froid imaginable : « dans cette vie, Monſieur, » il n'y a point de ſageſſe d'emprunt. » Que les Philoſophes & les Pédagogues » en diſent tout ce qu'ils voudront ; c'eſt » à ſes propres dépens, & non aux dé- » pens des autres, qu'on achete l'ex- » périence. Profitez de cette leçon » pour l'avenir, & apprenez que faire » d'une rivale une confidente, c'eſt » mettre la brebis à la garde du loup. » Je ne ſais ſi cette maxime eſt dans » l'Art d'aimer d'Ovide. S'il l'a ou- » bliée, ſon Code eſt imparfait ».

Il m'aſſura que ſa raiſon fut confondue, & ſes yeux obſcurcis par l'atrocité de cette impudente femme. Il ne vit plus en elle qu'une Furie, & il entra dans une rage qui approchoit de la frénéſie. « Que n'aurois-je pas don- » né, s'écrioit-il, pour changer ſon » ſexe contre une douzaine d'hommes » armés ? J'étois d'autant plus furieux, » que ſa foibleſſe ne me permettoit

» pas d'en tirer la vengeance qu'elle » méritoit ».

Il fit tout au monde pour découvrir le lieu de mon exil. S'il avoit su qu'on devoit me reléguer quelque part, il auroit chargé quelqu'un de confiance de guetter où j'allois. Dans le public, les uns disoient qu'on m'avoit transportée en France pour me mettre de force dans un Couvent; d'autres, que j'étois enfermée à Londres dans la maison de M. W.... & d'autres, qu'on m'avoit confinée pour le reste de mes jours aux petites maisons.

Au milieu de l'incertitude de tous ces bruits, le Capitaine apprit que son pere étoit fort mal. Il partit aussitôt pour se rendre auprès de lui. Le devoir filial exigeoit ses premiers soins. Ce fut une diversion qui servit à modérer son impatience, & à balancer les inquiétudes qu'il avoit sur mon compte. Cette maladie le retint plusieurs mois à Londres, parce que son pere languit encore long-temps avant de mourir.

Devenu par cette mort Sir Thomas L.... avec un patrimoine considérable, & le maître de son temps & de ses actions, il tourna de nouveau ses pensées sur le malheur de ma situation. Il se croyoit obligé, non pas comme un Chevalier errant, mais comme homme d'honneur, de me délivrer de l'oppression dont il avoit été la cause innocente, ou plutôt l'occasion. Car la véritable cause étoit la trahison d'une personne, & le jugement précipité d'une autre, qui avoit prononcé ma sentence avec une rigueur inexcusable. Il retourna à Bath, y fit de nouvelles informations sur mon sort, & ayant su que ma mere s'étoit retirée dans un village du Comté de Flint, il prit la résolution de s'y transporter pour la voir.

Dès qu'il se fut annoncé, elle commença par lui reprocher l'indignité de sa conduite à mon égard, comme il étoit naturel qu'elle le fît, d'après les préjugés qu'elle avoit contre lui. Mais lorsqu'il eut dévoilé le mystere d'iniquité, dont il avoit été lui-même la dupe, elle ne put lui refuſer les ſentimens dus à un compagnon de notre infortune.

Il tira d'elle adroitement le ſecret de ma demeure, ſans laiſſer entrevoir qu'il penſât à m'y chercher. Muni de cet éclairciſſement, il lui prit la main, ſe mit à genoux devant elle, & jura un attachement éternel pour moi, & pour elle, tout le reſpect & l'obéiſſance d'un gendre, en attendant que la mort, ou une vengeance plus prompte eût levé, dans la perſonne de M. W.... l'obſtacle qui s'oppoſoit à ſon bonheur. Il lui offrit en même temps des ſecours proportionnés à ſa fortune, & convenables au titre qu'il venoit de prendre avec elle.

Ma mere lui rendit mille actions de graces pour ſa bonté & ſa généroſité. Mais l'élévation & la délicateſſe de ſes ſentimens ne lui permirent pas d'en profiter. Elle ne lui diſſimula pas même que ſa viſite lui donnoit de l'inquiétude, & elle le pria de ſe retirer, ou

plutôt

plutôt de ſe dérober inceſſamment ſans ſe faire connoître, parce que, dans le malheur qui nous pourſuivoit, cette circonſtance, toute accidentelle & innocente qu'elle étoit, pourroit donner matiere à de nouveaux ſoupçons contre elle & contre nous. Elle me plaignit encore plus qu'elle-même, ſur la difficulté & l'embarras de notre ſituation; après quoi ils s'embraſſerent, & il prit congé d'elle.

Bath ſe trouvoit ſur la route du Comté de Dévon. Sir Thomas L...., y rencontra le Capitaine R.... qui avoit ſervi en Amérique dans le même corps que lui. Dès les premiers temps de leur connoiſſance ils s'étoient liés étroitement. Sir Thomas, plein de ſes projets & de la confiance qu'inſpire naturellement l'amitié, découvrit à l'autre tout le ſecret de notre amour & de ſes funeſtes ſuites.

Il lui fit part en même temps du deſſein qu'il avoit d'aller ſe cacher quelque part autour de ma demeure, juſqu'à ce qu'il trouvât l'occaſion favorable de me voir, ne fût-ce qu'une minute, ſans compromettre ma réputation, afin de m'ôter la fauſſe opinion que je devois néceſſairement avoir priſe de ſa lâcheté & de ſon infidélité. Il lui déclara de plus, qu'il regardoit comme un devoir indiſpenſable pour lui de veiller ſur ma deſtinée, & de me défendre au péril de ſa fortune & de ſa vie même, contre les entrepriſes injuſtes & violentes qu'on pourroit tenter contre moi.

Le Capitaine R.... approuva ſes raiſons, loua ſa réſolution, & dit que, comme l'affaire n'étoit pas ſans danger, il avoit droit, comme camarade & comme ami, au privilége de le partager avec lui. Sir Thomas l'accepta auſſitôt pour ſecond, & dès le matin du jour ſuivant, ils partirent pour Hartland qui n'eſt qu'à un mille du château que j'habitois. Ils étoient ſuivis ſimplement de deux valets & de deux chiens d'arrêt, comme gens qui n'avoient rien à faire qu'à rôder dans le pays pour y chaſſer.

Sir Thomas n'avoit dit, ni mon nom, ni ma demeure à ſon ami. Tous les matins & tous les ſoirs il ſe promenoit ſeul autour du lieu de mon exil, eſpérant toujours que je ſortirois pour prendre l'air, & qu'il pourroit me voir & me parler ſans être apperçu. Il eut la conſtance de m'attendre ainſi quinze jours de ſuite, au bout deſquels il eut enfin la ſatisfaction qu'il cherchoit.

Nous paſſâmes dans ce doux, mais dangereux entretien, le temps de notre rendez-vous qui ne nous parut qu'une minute. Jugez-moi, mon cher Edouard, avec votre équité ordinaire, & ne blâmez pas mon pauvre cœur, ſi toutes les ſenſations tendres & paſſionnées qu'il avoit jamais éprouvées y rentrerent avec le double de force & d'impétuoſité. Souvenez-vous que c'étoit le ſeul homme que j'euſſe aimé; &, ſi je l'aimois encore, en le ſuppoſant perfide, voyez quels dûrent être mes tranſports, quand je le retrouvai fidèle.

Lorſque je lui contai à mon tour

ſes lâches artifices mis en uſage pour me trahir , & nous aliéner l'un de l'autre , ſon indignation ſe rallumoit. Il s'écria cent fois que j'étois encore ſa femme, que le Ciel avoit uni nos cœurs , & qu'il n'y avoit ſur la terre aucune puiſſance capable de les ſéparer.

J'écoutois ſon délire avec trop de plaiſir , & je ſouffris que ſa voix enchantereſſe endormit ma prudence & ma raiſon. Je me laiſſai affecter comme ſi nous étions les ſeuls de notre eſpece dans la nature : toute autre obligation, toute autre conſidération , ne me paroiſſoit alors qu'une ſpéculation métaphyſique. Le ſentiment profond de nos malheurs communs avoit tellement fermé les avenues à toute autre idée , que la nuit nous gagna ſans que nous y fiſſions preſque aucune attention. L'abondance de mes larmes avoit obſcurci ma vue , & mes jambes , foibles & tremblantes , avoient beſoin d'aſſiſtance pour me porter. Je ne pus refuſer le ſecours de ſon bras obligeant pour m'aider à retourner dans le ſéjour de mes ennuis & de ma miſere.

Pendant que nous étions en chemin, il s'éleva ſubitement une horrible tempête. Le Ciel menaçant s'ouvroit de toute part pour lancer des feux qui ſembloient devoir embrâſer la terre; & l'aîr, que les vents déchaînés rempliſſoient de ſifflemens affreux, retentiſſoit encore du bruit continuel & épouvantable que faiſoit le tonnerre. Nous étions cependant parvenus à voir la porte de derriere par où je m'étois échappée, lorſque nous fûmes tout-à-coup inondés par une averſe qui m'obligea de hâter le pas. Je le priai de me laiſſer ; mais il ne quitta point mon bras juſqu'à la maiſon, ni lorſque j'y entrai. . . .

. . . .

. . . .

. . . .

Tirez-ici le rideau, mon cher Edouard, & que ce premier faux-pas que j'ai fait de ma vie, ſerve d'exemple pour prévenir la chûte de celles qui ſont innocentes & inconſidérées. Qu'elles apprennent à s'oppoſer aux premieres entrepriſes d'un amant favoriſé, & qu'elles n'imaginent pas qu'après avoir lâché la bride à un courſier fougueux, elles puiſſent arrêter ſon ardeur.

Juſqu'à cette nuit déſaſtreuſe, mon cœur ſouffrant ne connoiſſoit point le crime, ni, par conſéquent, la crainte & les remords. Je ne pouvois plus parler de paix à mon cœur effarouché. La douce illuſion d'*un premier droit ſur ma perſonne & ſur mon cœur*, ces argumens du *lien diſſout* & *du tranſport que j'étois libre de faire de mes affections*, ne paroiſſoient plus que de pitoyables égaremens de ma raiſon, de miſérables ſophiſmes qui s'évanouiſſoient comme un phantôme. A leur place, je ne voyois plus que le Prêtre, l'Autel & tout le redoutable appareil de ce vœu ſolemnel par lequel je m'étois engagée à être la femme d'un autre; & dans mon déſeſpoir je m'en pris à mon amant que j'accablai des reproches les plus ſanglans. Je le traitai comme s'il eût été la ſeule cauſe de tous mes maux, & je lui ordonnai d'éviter ma préſence pour jamais.

Sir Thomas mit en œuvre tout ce que l'honneur & l'amour peuvent inſpirer, pour calmer les tranſports de ma colere & de ma douleur. Il ſe jetta à mes pieds, implora ſon pardon, m'appella ſa femme, ſon accordée devant le Ciel, me jura une fidélité, une conſtance éternelle, & s'offrit à prendre la fuite avec moi pour me mettre en ſûreté dans quelque lieu de la terre que je voudrois. Enfin, voyant que rien n'étoit capable de m'adoucir, il ſe leva, porta la main à ſon épée, & proteſta qu'il alloit mettre fin dans le moment à une exiſtence que mon reſſentiment lui rendoit inſupportable.

La terreur où me jetta cet emportement, ſuſpendit, pour un tems, tous mes autres ſentimens. Je lui ſaiſis le bras; &, devenue ſuppliante à mon tour, je le conjurai de ne pas mettre le comble à l'injure qu'il m'avoit faite par un outrage auſſi horrible. Je lui promis de me tranquilliſer l'eſprit par la pénitence & la priere, dès que je serois seule; mais j'exigeai qu'il ne fît désormais aucune tentative pour me revoir, jusqu'à ce que nous pussions nous rejoindre sans crime & pour la vie. Nous nous séparâmes ainsi les plus misérables de tous les êtres.

Il faut avoir été coupable pour se faire une idée de l'horreur qui me saisit dès qu'il m'eut quittée. Je perdis cette fermeté d'ame qui m'avoit soutenue jusqu'alors dans toutes mes traverses. La pureté, seule ressource dans l'affliction, m'avoit abandonnée pour jamais. Je sentois tout le poids de ma misere, & ce que je regardois auparavant comme l'oppression de mon innocence, me paroissoit actuellement une justice due à mon crime. Je pensai à vous, mon cher frere, je pensai à ma tendre mere. Ces deux noms me firent verser un torrent de larmes. Indigne de les prononcer dorénavant, je pris congé d'eux, & j'éprouvai la même douleur que si je vous avois perdus tous deux.

Dans la nature entiere je ne voyois

plus personne qui tînt à moi ; je ne pouvois plus m'appuyer sur l'espérance d'être réhabilitée dans le monde avec honneur. Cette consolation s'étoit changée en amertume. Qu'aurois-je fait dans la société ? Hélas ! j'y avois perdu toute protection. Mon songe, ou plutôt la vision de la nuit précédente, venoit m'assaillir & me confondre, & je me rappellois trop tard cette maxime de mon digne pere : « que nous devions » considérer les personnes que nous » respectons comme présentes, lorsqu'elles étoient absentes, & comme » vivantes, lorsqu'elles étoient mortes ». Je me mis à genoux pour prier, mais en vain. Je me sentois dans un état de réprobation & tout voisin du désespoir. J'étois sans appui, sans support, sans ressource. Dans tous les maux de la vie, le Ciel ne permet pas que nous soyons affligés au-delà de nos forces ; mais il semble que le crime, joint au malheur, sorte du plan de la Providence.

Je me levai avec peine ; mais, ne

pouvant me tenir d'épuisement, je retombai sur le plancher, où je demeurai quelque tems engourdie, jusqu'à ce que le bruit que fit ma servante, en ouvrant la porte de mon antichambre, m'avertit de cacher le désordre où j'étois. Je le fis du mieux que je pus en détournant mon visage d'elle, & je sentis, pour la premiere fois, combien il est dur d'avoir à se cacher.

L'orage dura toute la nuit avec une extrême violence. Mais le tonnerre & les éclairs ne m'effrayoient pas comme ils eussent fait la nuit d'auparavant. J'avois dans le cœur un *moniteur* qui parloit plus haut que le tonnerre; & si la foudre étoit descendue sur moi, je l'aurois reçue à bras ouverts.

Je ne saurois dire combien de tems Sir Thomas resta dans le Canton: car depuis ce jour-là, je n'osai jamais sortir, même pour me promener dans les Jardins. Autant que je pus le savoir, il m'obéit ponctuellement. Non-seulement il ne chercha pas les occasions de me revoir; mais il ne m'écrivit pas, de crainte que les lettres ne fussent interceptées, comme elles l'auroient certainement été. Tranquille de ce côté-là, je commençai à me réconcilier avec ma situation présente, en l'envisageant sous un jour tout différent de celui dans lequel je l'avois vue jusqu'alors. Je pris en esprit de pénitence ma solitude & mon exil que je regardois auparavant comme un châtiment également injuste & rigoureux. Je m'imaginai être dans les murs d'un Couvent où je n'aurois pu me dispenser d'aller me soustraire aux yeux du monde, si j'eusse été la maîtresse de disposer de moi.

En conséquence de cette pensée, je me dévouai entierement à la vie d'une Religieuse, passant mes jours dans le jeûne, la componction & la priere, & espérant que la mort termineroit bientôt mes peines. Mais hélas ! je fus bientôt convaincue que le sort n'avoit pas encore décoché tous ses traits sur moi. Il me restoit un choc terrible à essuyer, celui de me voir dans le cas de mettre au jour une créature innocente qui prouveroit & partageroit mon infamie.

Je n'entreprendrai pas de décrire les angoiſſes que je reſſentis de cette découverte. Il falloit continuer de vivre. Dans la circonſtance, c'eût été un double crime que de me donner la mort que j'avois ſi ardemment ſouhaitée dans mon déſespoir, lorſque j'étois la ſeule intéreſſée. Je pris donc le parti de devenir plus malheureuſe, afin d'être moins coupable.

Quelles meſures à prendre dans un état ſi déplorable? Je ne voyois qu'un ſeul moyen, & je ſuis excuſable de l'avoir pris, parce que je n'en connoiſſois pas d'autre. J'avois refuſé de prendre la fuite avec Sir Thomas, lorſqu'il m'en preſſoit à genoux. Je ne voulois point donner dans le vice de propos délibéré, ni recouvrer ma liberté, pour mener, ſeulement en apparence, une vie licencieuſe. Mais actuellement il falloit, pour ainſi dire, s'accommoder avec le crime; il falloit me tirer, à quelque prix que ce fût, de l'embarras, de la honte & du danger, ſauf à me jetter immédiatement après, comme j'y étois résolue, dans un Couvent auſtere pour y prendre le voile, y faire la plus rude pénitence, & mourir au monde qui étoit mort pour moi.

Dans la confuſion & l'égarement de mes penſées, je ne pouvois former aucun plan déterminé pour ma délivrance. D'ailleurs, ce point dépendoit du concours d'une autre perſonne. J'écrivis donc à Sir Thomas, le priant de venir me trouver ſur le champ pour une affaire qui nous intéreſſoit tous deux, & où il s'agiſſoit de quelque choſe de plus que de ma propre vie.

Je ne ſavois où il étoit alors. Je me ſervis de l'ancienne adreſſe que j'avois à Bath, & je lui adreſſai ma lettre chez ſon frere à Londres.

Il ſe préſenta une nouvelle difficulté pour l'envoyer, quand elle fut cachetée. Depuis ma détention, toute communication m'étoit interdite. Dès les commencemens, ma Duegne avoit refuſé d'envoyer à la poſte une lettre pour ma mere même, & m'avoit ſignifié qu'elle renverroit directement à M. W.... toutes celles qui viendroient pour moi.

Le péril étoit trop pressant pour ne rien hasarder. Je voyois travailler habituellement dans les jardins un ouvrier qui avoit l'air assez intelligent. Ce fut lui que je choisis pour porter la lettre. Je lui donnai cinq guinées, avec promesse de cinq autres lorsqu'il m'apporteroit la réponse, & je lui indiquai toutes les précautions convenables pour tenir sa commission secrette. Je lui dis de prétexter quelque affaire particuliere pour s'absenter de son service, & je lui recommandai de ne pas me remettre la réponse qu'il ne me trouvât seule dans le jardin : les fenêtres de mon appartement donnoient dessus. Vers le tems où je crus qu'il pouvoit être de retour, j'observois, avec la derniere impatience, si je ne le verrois pas. Rongée d'inquiétude, combien n'enviai-je pas la condition du dernier paysan que j'entendois chanter gaiement au milieu de son travail, & qui gagnoit sa vie en paix, sans avoir de reproche à se faire, ni de crainte d'être découvert.

A la fin, je vis arriver mon courrier. Je saisis le moment favorable pour le joindre. Il me remit une lettre de Sir Thomas, remplie des plus tendres protestations d'amour & des assurances les plus positives que je pouvois compter sur son honneur & sa probité. Il me promettoit de se trouver le soir même, à l'entrée de la nuit, au bord d'un petit bois près de la maison. Je m'y trouvai ponctuellement, & il ne fut pas moins exact à s'y rendre.

Dès qu'il me vit, il entra dans les plus vifs transports. Je les trouvai bien hors de saison, & je le priai instamment de se modérer, tandis que je regardois tout autour de nous s'il n'y avoit personne qui pût nous observer. Ne voyant rien, je le menai en tremblant dans la maison & dans mon appartement.

Aussitôt que nous fûmes dans ma chambre, Sir Thomas voulut me prendre dans ses bras, je le repoussai. Je lui dis que le tems, le lieu & les circonstances n'admettoient point ces sortes de libertés ; que j'avois desiré le voir, pour implorer de lui les secours de l'honneur & de l'amitié, & non pour recevoir son amour, aux moindres ouvertures duquel j'étois fermement décidée à m'opposer jusqu'à l'heureuse époque (si toutefois elle devoit arriver) qui nous mettroit en droit, lui de me demander, & moi de lui accorder l'accomplissement de ses desirs. Ce discours eut son effet. Humain & généreux, il se désista sur le champ de toute prétention importune & déplacée.

Comme il avoit deviné sur ma lettre l'embarras où j'étois, il eut l'attention de m'épargner toute explication. Il me proposa tout de suite d'aller ensemble dans quelque Province éloignée, où nous serions inconnus, & d'y attendre l'occasion de passer dans le Continent, où nous choisirions quelqu'endroit retiré pour nous y fixer, & où nous vivrions à l'abri des recherches & des poursuites. Il ajoutoit qu'il ne regarderoit jamais une pareille retraite comme un exil, parce que ſon Pays le ſuivroit par-tout où il poſſéderoit tout ce qu'il aimoit & eſtimoit dans ſon Pays.

Privée de toute autre reſſource, j'acceptai ſes offres avec beaucoup de reconnoiſſance. Je lui dis que dès ce moment je remettois ma deſtinée entre ſes mains, qu'il en ſeroit déſormais l'unique arbitre, & qu'il ne ſeroit comptable qu'à lui-même du bien & du mal qui m'arriveroit. Il ſe mit à genoux, me prit la main, la baiſa & l'arroſa de ſes larmes.

Quand je ſonge à ce qui va ſuivre dans ma malheureuſe Hiſtoire, à la ſeule idée d'en faire le récit, mon cœur ſe fend, mes ſens ſe glacent, mon eſprit s'égare, & je touche au plus affreux déſespoir.

Convenus de prendre la fuite, nous concertâmes les arrangemens pour l'éxécution de notre projet. Sir Thomas devoit retourner dans la minute à ſon Auberge avant qu'on eût fermé les portes de ma priſon, & dépêcher à

Excester pour avoir une chaise-de-poste qui se trouveroit le lendemain au soir à l'autre extrémité du petit bois, où je me rendrois à la nuit fermante.

A l'instant où je me levois pour le conduire hors de la maison, j'entendis des pas précipités dans mon antichambre, ma porte fut ouverte avec violence, & je vis entrer M. W.... avec un pistolet dans chaque main. Sir Thomas mit la main sur son épée; mais avant qu'il pût la tirer, il reçut une balle dans la poitrine: il tomba. Et je vis encore pour le dire!.... J'entendis son dernier soupir, & je le vis expirer à mes pieds. Je n'apperçus, je n'entendis plus rien. Je tombai moi-même, sans sentiment, sur ce corps sans vie, & si je n'y laissai pas celle que je traînois si misérablement, je le dois peut-être encore aux soins cruels de M. W.... Il aida la servante à me relever & à me mettre sur mon lit, & il ne négligea rien pour me ranimer. Dès que la connoissance me fut revenue, la premiere chose que je fis, ce fut de lui demander, à genoux & les mains jointes, la grace de terminer en même temps mes jours & mes malheurs. Il me regardoit comme s'il étoit prêt à m'exaucer ; mais se détournant de moi, il s'écria, comme par réflexion, qu'il me réservoit à une vengeance plus éclatante. Il sortit aussitôt de la chambre, emmena la servante, & laissa le pistolet déchargé sur mon lit.

Que l'humanité juge d'une situation dont les plus barbares seroient touchés. Représentez-vous, sur-tout, l'horrible spectacle qu'on m'avoit laissé devant les yeux, comme pour m'enterrer toute vive avec la triste victime de ma mauvaise étoile. Aussi je ne pus le supporter. La colere, la terreur, le désespoir m'emporterent. Poussée par une force aveugle, je me précipitai par l'escalier dérobé, & sans savoir où j'allois, ni ce que je faisois, je m'échappai de ce maudit séjour.

La peur, qui me donnoit des aîles, retardoit aussi ma fuite. Après avoir couru de toute ma force, je m'arrêtois de temps en temps quelques minutes, pour prêter l'oreille au moindre bruit que je croyois entendre. Quelquefois je grimpois ſur la crète de foſſés profonds, & je me couchois par terre, afin qu'on ne pût me voir, ſi j'étois pourſuivie; quoique la nuit fût ſi noire, qu'il falloit, pour ainſi dire, toucher un objet avant de l'appercevoir.

Tout cela n'étoit qu'un effet purement machinal; car je n'avois aucun but déterminé. Je courois comme un animal effarouché qui ne connoît que le danger qu'il veut éviter. Je n'avois point d'aſyle, & je ne pouvois prendre aucun parti. A la fin, haraſſée de fatigue, & accablée de douleur, je m'aſſis au coin d'un champ bordé d'un petit taillis qui étoit pourtant aſſez haut pour me dérober à la vue des paſſans.

La nature cherche toujours à ſe ſoulager & à ſe tirer d'un état violent. Au moment où mon cœur étoit prêt à ſe briſer, mes larmes coulerent à flots, & je remplis l'air de mes cris & de mes gémiſſemens. Bientôt je craignis que le jour qui s'approchoit, & la force de mes cris ne me fîssent découvrir par quelque payſan ou quelque voyageur. Mais cette crainte n'impoſa point ſilence à mon déſespoir. Je penſai que la cruauté même pouvoit me rendre ſervice, en épargnant le nouveau crime que je ferois de m'ôter la vie.

Mes plaintes & mes lamentations furent cependant interrompues par un bruit que j'entendis dans le taillis, & par une voix douce & claire qui crioit: « Où êtes-vous ? qui êtes-vous ? qu'a-» vez-vous » ? Ces ſons m'allarmerent juſqu'à ce que je fus frappée de la vue d'un bel enfant de ſept à huit ans, qui, dès qu'il m'eut apperçue, courut à moi, & me dit que mes cris avoient réveillé ſa maman, qu'elle avoit ſonné ſon domeſtique pour l'envoyer au ſecours, mais qu'il avoit pris les devants, & qu'il étoit charmé de m'avoir trouvée le premier. Il me pria de quitter ce vilain endroit & de le ſuivre à leur maiſon, diſant que je ferois grand plaiſir à ſa maman.

La beauté de cet enfant, & le bon naturel qu'il montroit par l'impatience, & l'inquiétude qu'il avoit ſur mon compte, me cauſerent une ſorte de joie dans ce moment de détreſſe ; mais lorſqu'il fut tout contre moi, ſa vue me fit treſſaillir & trembler, parce qu'il ſembloit être le fils de M. W.... à tous les traits de ſa figure. Je ſongeai cependant que ce pouvoit être une ſuite de la vive impreſſion que ce dernier venoit de me faire, & qui pouvoit ſe renouveller dans mon imagination effrayée à la préſence d'un objet tout différent, ſur-tout à la lueur équivoque de la pointe du jour. Raſſurée par cette réflexion, j'embraſſai l'aimable enfant, & m'appuyant ſur le bras du valet qui venoit d'arriver, j'allai, avec mon petit guide, à la chaumiere la plus voiſine.

Je fus reçue à la porte par une Dame d'un extérieur beaucoup plus agréable que ne le promettoit celui de la maiſon. Elle m'offrit, d'une voix pleine de douceur, tous les ſecours de l'hoſpitalité qui étoient dans ſon petit pouvoir, &

me prenant par la main, elle m'introduisit dans sa plus belle chambre. Je m'assis sur la premiere chaise que je rencontrai, & je demandai un verre d'eau, pour prévenir un évanouissement dont je sentois les approches.

On apporta aussitôt du feu & des chandelles. Mes yeux, affoiblis par l'obscurité de la nuit précédente, la fatigue & les larmes, furent tellement éblouis & offensés par l'éclat de la lumiere, qu'ils ne distinguoient d'abord aucun objet. Lorsqu'ils eurent recouvré une partie de leur force, & que la grande agitation de mes esprits fut un peu tombée, je vis que la charitable maîtresse du logis étoit une personne d'environ vingt-quatre ans, extrêmement belle, mais dont la santé paroissoit altérée par les maladies ou par les chagrins.

Dès que je l'eus bien envisagée, je recommençai à frissonner. Sa ressemblance, avec M. W..., étoit encore plus frappante que celle de l'enfant. Il n'y avoit pas moyen de s'y méprendre.

Je la voyois de près, je la voyois au grand jour, & le rapport des traits étoit trop marqué. Cet étrange myſtere me fit trembler que je ne fuſſe tombée en de dangereuſes mains. Je ſentis pourtant qu'il y auroit eu double imprudence à lui demander l'explication de l'énigme. J'aurois eu l'air de vouloir pénétrer ſon ſecret, & je me ſerois mis au haſard de trahir le mien.

Je diſſimulai donc ma ſurpriſe, mais ſans pouvoir cacher mon trouble. Elle s'en apperçut; comme elle en imputoit la cauſe à une laſſitude & à des ſouffrances auxquelles elle paroiſſoit croire que je n'étois point accoutumée, elle m'invita à me repoſer ſur un lit où perſonne ne m'interromproit, juſqu'à ce que je fuſſe en état de prendre les autres ſoulagemens & les rafraîchiſſemens que ſes petits moyens lui permettoient de me procurer.

La voix de la bonté dilate un cœur opprimé, parce qu'elle donne l'eſſor à ſa douleur. Je ne répondis que par mes larmes. Elle ſe leva, & prenant ſon

enfant

enfant par la main, elle dit qu'elle connoiſſoit & reſpectoit trop les grandes afflictions, pour tenter d'en arrêter le cours, & en attendre d'autre remede que celui du temps & de la priere. Elle ajouta que je ne devois appréhender aucune curioſité de ſa part, d'autant plus qu'elle avoit aſſez de ſes propres malheurs, ſans ſe charger encore de ceux d'autrui, quand elle ne pouvoit les adoucir. Là-deſſus elle ſe retira, ſans me donner le temps de répondre.

Laiſſée à moi-même & à couvert des maux & des violences du dehors, mon ame égarée n'éprouvant plus de contrainte, je retombai dans un accès de déſeſpoir qui triompha de ma raiſon & de ma religion. Je cherchai quelque inſtrument de deſtruction pour me délivrer de ma miſérable exiſtence; &, prenant une épée ſuſpendue à la cheminée, je la tirai du foureau, & je venois de mettre la pomme contre terre, lorſque mon hoteſſe, comme un Ange tutélaire attentif à mes mouvemens, ſe précipita dans la chambre &. détourna la pointe, en ſorte que je tombai ſans me bleſſer.

« Arrêtez cette main téméraire, » s'écria-t-elle. Celui qui nous éprouve » dans ſa rigueur, a de quoi dédomma- » ger amplement ceux qui ſouffrent » avec patience. Que votre cœur re- » belle adore la profondeur de ſes dé- » crets, & qu'il apprenne à s'y ſou- » mettre ».

Tandis qu'elle parloit ainſi, je la regardois avec un reſpectueux ſilence, & je lui trouvois quelque choſe de plus qu'humain. Elle me releva d'un air plein de tendreſſe; elle pourſuivit en ces termes: « Il eſt aiſé de voir en » vous une femme aſſiégée & vaincue » par le malheur. Hélas! quelle eſt » votre force ou la mienne pour réſiſter » à ſa violence? Mais pourquoi compte- » rions-nous ſur nous-mêmes, quand » le Ciel nous offre ſa grâce, & que » la foibleſſe de notre humanité ſe » trouve ſuppléée par la toutepuiſ- » ſance de la Divinité »?

Je retombai à genoux devant elle, & je m'écriai : « Je n'ai plus d'eſpé-
» rance ni dans le Ciel, ni ſur la terre.
» Je ſuis le rebut de la ſociété, & votre
» charité même ne s'étendroit pas
» juſqu'à moi, ſi vous connoiſſiez tous
» mes crimes ».

« Je ne veux donc pas les ſavoir,
» reprit-elle auſſitôt ; mais il n'y a
» point de crime qui ne puiſſe être
» pardonné, ſi ce n'eſt le déſeſpoir.
» Chaſſez ce bourreau de votre cœur ;
» la pénitence guérira inſenſiblement
» vos plaies, & vous goûterez encore
» les douceurs de la paix ».

Cette femme ſi ſupérieure aux femmes, cette conſolatrice céleſte vint à bout par degrés de rétablir le calme dans mon ame éperdue, & de diſſiper ma frénéſie. Je lui donnai ma parole de ne plus attenter à ma vie, & je l'ai tenue fidelement. Les poiſons lents du chagrin & de la langueur qui me minent, me dégageront de ma promeſſe en me conduiſant doucement au tombeau.

Dès que j'eus quelque tranquillité dans l'esprit, je commençai à réfléchir sur les circonstances de ma derniere catastrophe. Je pensai avec horreur à l'impiété qu'il y auroit de manquer aux derniers devoirs envers celui qui venoit d'être immolé à ma triste destinée ; je me serois regardée comme complice de son assassinat, si je n'avois fait mes efforts pour soustraire ce qui restoit de ce cher & malheureux objet à la cruauté non encore assouvie de son assassin, & pour lui procurer les honneurs de la sépulture comme homme, sinon comme Chrétien.

La premiere idée qui me vint, fut d'aller aussitôt moi-même à Hartland trouver le Capitaine R...., (car Sir Thomas m'avoit dit qu'ils étoient encore venus ensemble) & de l'informer de ce qui étoit arrivé .Mais comment oser paroître devant cet ami & ce confident avec une conscience chargée du crime & de l'infamie ? D'ailleurs ne pouvois-je pas être découverte & l'envelopper dansmon malheur ? Je trouvai un tempérament, qui fut d'écrire le billet suivant : « Votre ami n'eſt plus ; » hélas ! il vient d'être aſſaſſiné au » Château de W.... Je n'entends pas » vous demander juſtice de ſon meur- » trier. J'eſpere ſeulement de votre » humanité & de votre amitié qu'elles » pourront garantir ſon malheureux » corps de nouveaux outrages & d'in- » dignités nouvelles ».

Je ne ſignai pas, mais j'obtins de mon obligeante hoteſſe, qu'elle envoyât porter ſur le champ le billet à l'auberge par un payſan, avec ordre de ne pas dire d'où il venoit, & de ne point attendre la réponſe.

Cette excellente femme étoit ſi éloignée de vouloir entrer dans mon ſecret, qu'elle affectoit de détourner ce qui pouvoit m'amener à révélation toutes les fois que je recommençois à me lamenter. Mais, pour me convaincre, diſoit-elle, que mon mauvais ſort n'étoit pas unique, & pour me montrer qu'elle avoit été elle-même abreuvée de la coupe des amertumes, elle propofa de me raconter quelques-uns des malheurs extraordinaires qui avoient traverfé fa vie, & qui pourroient peut-être m'aider à fupporter les miens.

Avant tout, elle infifta pour que je confentiffe à réparer mes forces par un peu de nourriture & de repos. Sa raifon étoit que le retour de la fanté de l'ame dépend beaucoup du rétabliffement de l'équilibre dans le corps. Je déjeûnai avec du thé ; mais il me fut impoffible de manger. Elle ne me preffa point : raifonnable en tout, elle fentoit que dans ma pofition les inftances n'auroient fait que m'importuner & augmenter mon dégoût. Elle crut que dans ces premiers momens le fommeil me feroit plus utile que les alimens. C'eft pourquoi elle me fit déshabiller & mettre au lit. Quand j'y fus, elle ôta de la chambre tout ce qui pouvoit fervir au funefte projet dont elle avoit empêché l'exécution ; ferma les volets à caufe du grand jour, & me quitta pour me laiffer prendre quelque repos.

Je fis tout ce que je pus pour m'endormir. Je me devois à l'enfant que je portois. C'étoit une partie de moi-même que j'étois jalouse de conserver, parce que du moins elle étoit innocente. Mais mes tristes pensées me tinrent long-temps éveillée, & je ne fermai les yeux, que quand mon corps excédé tomba de lui-même dans un assoupissement auquel mon âme ne participa point. Car mon imagination troublée ne me présentoit que meurtres, supplices & gibets; de sorte qu'au lieu d'un sommeil rafraîchissant & salutaire, je n'en eus qu'un pénible & continuellement interrompu par d'affreux réveils, ce qui dura jusqu'au soir.

Mon hotesse, remplie d'humanité, me rendoit tous les offices de bienveuillance & de tendresse qu'auroit pu me rendre une sœur. Elle me donnoit des cordiaux, faisoit regner autour de moi le plus grand silence; & malgré ma résistance, elle vouloit absolument me veiller la nuit, qui ne fut pas moins agitée. Le lendemain matin elle gagna sur moi de me faire prendre quelque nourriture ; après quoi, je la priai de remplir la promesse qu'elle m'avoit faite de me conter l'histoire de sa vie. La curiosité n'avoit aucune part à cette demande ; je cherchois seulement à faire diversion à mes propres chagrins, & j'espérois que l'agréable son de sa voix, joint à la monotonie du récit, pourroit me conduire au sommeil.

Mais quel fut mon étonnement, quand elle commença par me dire qu'elle étoit la fille & le seul enfant de M. W.... J'étois sur le point de me trahir, & ne pouvant cacher ma surprise, je m'écriai : « Vous sa fille ! » cela est impossible, impossible ». Elle me répondit tranquillement : « Vous » le connoissez donc » ? Et sans s'informer d'autre chose, elle continua ainsi :

« Ma mere étoit fille unique du » Capitaine H.... Cadet d'une famille » distinguée. Lorsqu'elle étoit toute » jeune, sa mauvaise fortune lui fit » lier connoissance avec M. W....

» qui étudioit dans l'Université d'Oxford, & étoit encore mineur. Ils s'aimerent, & se marierent sans le consentement de leurs parens. Le Capitaine H.... apprit ensuite ce mariage; mais il mourut avant mon grand-pere paternel, vis-à-vis duquel on jugea qu'il falloit tenir l'affaire secrette, d'autant plus que la portion d'héritage à laquelle ma mere pouvoit prétendre n'étoit presque rien. Ce fut le prétexte dont on se servit pour cacher leur union tant qu'il vécut, & ma mere consentit à rester sous l'ombre du mystere, plutôt que de blesser les intérêts de son mari qu'elle aimoit tendrement, ou d'offenser son beau-pere.

» L'incertitude de son état détacha insensiblement tous ses amis d'elle, si bien que, quelques années avant la mort de son pere, elle vivoit dans une parfaite solitude, ne voyant que son mari & moi qui étions les seuls objets de ses soins & de son affection.

» J'avois environ sept ans, quand

» mon grand-pere paternel mourut; » & je ſuis perſuadée que, ſi ma mere » ſentit quelque joie en cette occaſion, » c'étoit ſeulement par rapport à moi, » dont elle ſouhaitoit que la légitimité » fût reconnue, & l'éducation conve- » nablement ſoignée. Une longue ha- » bitude l'avoit tellement accoutumée » à la retraite, que, quoique d'un âge » à goûter tous les plaiſirs, (car elle » n'avoit que vingt-quatre ans) la » perſpective du monde où elle comp- » toit retourner, lui donnoit plutôt » du dégoût que de la joie.

» Pendant près de deux ans, mon » pere éluda encore de reconnoître » ſon mariage ſous différens prétextes. » Ma mere étoit d'un naturel ſi bon, » qu'elle n'oſoit l'importuner ſur ce » ſujet, ni ſur tout autre; cependant, » voyant qu'après tant de temps d'é- » coulé, non-ſeulement il ne parloit » de rien, mais qu'elle éprouvoit un » changement notable dans ſa conduite, » elle lui témoigna, avec la plus grande » douceur, le deſir qu'elle avoit de » vivre publiquement avec lui comme

» sa femme. Il fit si bien qu'il éluda » encore sa requête pendant plus d'un » an. Mais lorsqu'allarmée par ces nou- » veaux délais & le réfroidissement » qu'elle remarquoit de plus en plus, » elle redoubla ses instances, il entra » en fureur, & lui soutint en face » qu'il ne l'avoit jamais épousée.

» Les larmes & les prieres furent les » seules armes qu'elle employa pour » défendre ses droits. Mais hélas! elles » n'eurent aucun pouvoir sur un cœur » endurci. Le chagrin de se voir traiter » avec tant d'injustice & de dureté, » prit bientôt sur sa constitution déli- » cate, & j'entrois dans ma dixieme » année, lorsqu'elle fut attaquée de con- » somption. Elle sentit approcher sa » fin; &, quoiqu'elle eût abandonné » pour elle-même ses prétentions au » rang & à la fortune de mon pere, » elle ne voulut pas me laisser à la » discrétion d'un homme qui l'avoit si » cruellement livrée à une infamie » qu'elle ne méritoit pas. En consé- » quence elle se donna du mouvement

» pour se procurer des preuves de son » mariage, & constater mes droits au » nom de mon pere, & à une subsistance » honnête.

» Elle découvrit bientôt l'Éclésiasti» que qui les avoit mariés. Il occupoit » une Cure que mon grand-pere, le » vieux M. W.... lui avoit donnée » dans ses Terres. Elle me prit avec » elle, & m'emmena chez lui, ce qu'il » étoit fort aisé de faire, sans que mon » pere en sût rien; car depuis un cer» tain temps ils ne vivoient gueres » sous le même toît.

» Il n'est pas possible de rendre la » surprise du Docteur, quand il nous » vit ma mere & moi. Il y avoit plus » de trois ans que mon pere l'avoit » assuré que ma mere étoit morte sans » enfant, & qu'il lui avoit recommandé » fortement de ne point dire qu'il l'eût » épousée, de peur que la publication » de ce fait, qui n'étoit plus bonne à » rien, ne lui fît tort dans l'esprit de » quelques-uns de ses parens dont il » vouloit s'appuyer pour augmenter » son crédit & sa fortune.

» Aussitôt que ma mere eut dit ce » qui l'amenoit, le bon vieillard lui » promit d'aller dès le lendemain voir » mon pere qui avoit été son pupille » à l'Université, & de tâcher de le » ramener par la voie de la persuasion, » ce qui vaudroit mieux que de les ex- » poser tous deux à recourir aux Tri- » bunaux de la Justice. Il lui protesta » en même temps que, si sa média- » tion n'avoit pas le succès qu'il espé- » roit & qu'il avoit lieu d'attendre, il » n'hésiteroit pas un instant à prouver » le mariage par toutes les formes de » la Loi.

» Ma mere le remercia en pleurant, » & le Docteur partit en effet le len- » demain pour le Château de W.... où » résidoit alors mon pere, & qui n'étoit » qu'à dix milles de-là. Le hasard voulut » que mon pere ne s'y trouva point. » Le Docteur y suppléa dans la pléni- » tude de son zele par une lettre d'a- » vertissement & d'exhortation qu'il » laissa, & il s'en revint bien mortifié » d'avoir manqué son homme.

» Il eut quelques jours après la visite » de mon pere qui tâcha de tranquilli- » ser l'esprit de ma mere sur les appa- » rences équivoques de sa conduite » avec elle. Il imputoit la froideur & » la réserve qu'il y mettoit aux raisons » de prudence dont il avoit jadis en- » tretenu le Docteur, & dans lesquelles » il disoit que le bien-être de sa femme » & de sa famille étoit également in- » téressé. Il ajoutoit que, ne pouvant » cacher long-temps leur union en An- » gleterre, il étoit résolu de se retirer » avec elle en Flandres pour quelques » années, sous prétexte de voyager » jusqu'à ce que certains projets avan- » tageux qu'il avoit dans la tête fussent » venus à maturité, & qu'alors ils re- » viendroient passer le reste de leurs » jours ensemble heureusement & ho- » norablement.

» Ma mere, trop simple & trop bonne » pour être soupçonneuse, fut enchan- » tée de ces propos, & reçut avec » transport ses fausses protestations. Le » Docteur, quoique moins crédule,

» bénit aussi son pupille avec des lar-
» mes de joie, & mon pere s'en re-
» tourna le lendemain au Château W....
» pour faire les préparatifs de notre
» départ.

» Mais cette illusion fut de courte
» durée. Le matin même que M. W....
» nous eut quittés, arriva un neveu
» du Docteur, jeune Porte-Enseigne,
» qui venoit d'Excester. Entr'autres
» nouvelles du Pays, il dit que son Sei-
» gneur & Patron (c'étoient les noms
» qu'il donnoit à mon pere) alloit se
» marier avec une riche héritiere à
» Excester même, où il supposoit que le
» Docteur seroit appellé pour faire la
» cérémonie.

» Le jeune homme ne savoit rien
» de notre histoire. Il n'avoit fait men-
» tion de cette particularité, que com-
» me d'une chose assez indifférente.
» Son oncle ne s'ouvrit point sur ce
» qu'il en pensoit : mais il fut aussitôt
» dans la chambre de ma mere qui,
» heureusement, ne s'étoit pas trouvée
» présente au récit ; &, après l'avoir

» préparée, le mieux qu'il put, au rude » choc qu'elle alloit recevoir, il lui fit » part de la nouvelle.

» Ce n'eſt pas à vous, qui connoiſſez » l'affliction, que je voudrois décrire » les émotions de ma malheureuſe mere » à cette occaſion. Le bon Docteur fit » tous ſes efforts pour tempérer ſa » douleur ; il confirma la parole qu'il » avoit donnée, de concourir avec elle » à la mettre en jouiſſance de ſon droit, » d'autant plus qu'il n'y avoit pas de » temps à perdre, & qu'il ne paroiſſoit » que trop que M. W.... ſe propoſoit » de tirer parti du long ſilence qu'elle » avoit conſenti à garder ſur ſon ma» riage, pour la fruſtrer de ſes pré» tentions par un nouvel engagement » public.

» Il avoua que, malgré toutes ſes » belles proteſtations, il n'avoit pu » s'empêcher de conſerver quelques » ſoupçons ſur ſa ſincérité. Car, di» ſoit-il, quoique je ne doute pas de » la puiſſance de la grâce, les conver» ſions ſubites me ſont ſuſpectes,

» ſur-tout quand elles paroiſſent ame-
» nées par la néceſſité des circonſtances.

» Il conclut que le deſſein de mon
» pere, en nous emmenant hors du
» Royaume, étoit de nous éloigner
» des ſecours & des conſeils de tous
» les amis que nous pourrions trouver
» dans notre Patrie, de nous priver
» de la protection des Loix Angloiſes,
» & de nous enfermer dans un Cou-
» vent, ſous quelque prétexte calom-
» nieux qu'il auroit l'adreſſe de rendre
» plauſible; après quoi, il reviendroit
» triomphant conſommer ſa lâche per-
» fidie avec ſa nouvelle maitreſſe
» d'Exceſter.

» Ce même jour le Docteur délivra
» à ma mere un certificat de ſon ma-
» riage dans toutes les formes. Il étoit
» ſigné de lui comme ayant fait la cé-
» lébration; la page du regiſtre de la
» Paroiſſe y étoit relatée, & il avoit
» mis au bas le nom des deux témoins
» dont un étoit encore en vie.

» Le lendemain mon pere revint
» avec une voiture pour nous emmener

» *incognitò* à Weymouth, où il dit qu'il » avoit un vaiſſeau tout prêt pour nous » transporter dans le Continent. Ma » mere ne répliqua point ; elle ſe con- » tenta de ſortir de la chambre les » larmes aux yeux, afin de laiſſer le » Docteur en liberté d'expliquer les » raiſons du ſilence qu'elle gardoit, & » de la triſteſſe qu'elle montroit.

» Leur converſation fut fort échauf- » fée, mais fort courte. Le Docteur » fit à M. W.... des remontrances » tirées de la Religion, de la Morale » & des Loix ; elles furent très-mal » reçues. Mon pere finit bruſquement » par dire qu'heureuſement il lui reſ- » toit encore une voie pour échapper » aux pourſuites & à la perſécution ; » &, tout en diſant cela, il tourna le » dos, & s'en alla. Nous comprîmes » encore mieux le ſens de ces paroles, » quand on nous apprit qu'il étoit paſſé » en France, où il n'avoit point de » procès à craindre.

» Ma mere me laiſſa ignorer ces » faits durant pluſieurs années. Elle

» prévoyoit que j'aurois aſſez de cha-
» grin dans la ſuite, & ſa bonté m'é-
» pargnoit toute anticipation ſur l'ave-
» nir. Cette circonſpection étoit d'ail-
» leurs conforme aux principes & à la
» délicateſſe du Docteur, qui penſoit
» que les exemples du vice & de la mé-
» chanceté ne devoient pas être con-
» nus des jeunes perſonnes, juſqu'à ce
» que l'habitude de l'innocence & de
» la vertu fût aſſez forte pour leur en
» faire concevoir une horreur capable
» d'en écarter le danger.

» Le Docteur nous garda chez lui,
» & pourvut à nos beſoins tout le temps
» que ma mere vécut, ou plutôt lan-
» guit, c'eſt-à-dire, l'eſpace de deux
» ans, au bout deſquels elle mourut de
» chagrin. Pour rendre ſes derniers
» momens plus doux, le Docteur eut
» la généroſité de lui promettre qu'il
» prendroit ſoin de moi, juſqu'à ce
» qu'il pût forcer juridiquement mon
» pere à me fournir de quoi ſubſiſter.
» Il ſe trouvoit heureux, diſoit-il, de
» pouvoir s'acquitter de la reconnoiſ-

» ſance qu'il devoit à mon grand-pere, » envers les ſeules perſonnes de ſa fa- » mille qui le méritoient.

» Les émiſſaires de mon pere l'in- » formerent bientôt de la mort de ma » mere. Il revint plein de joie d'être » veuf. Le Docteur lui parla auſſitôt » en ma faveur ; mais, bien loin de rien » accorder à ſon interceſſion, il le » chargea d'injures, & le menaça de » le perdre, s'il s'oppoſoit à ce qu'on » me mît dans un Couvent ; s'il ne » juroit ſolemnellement de taire ſon » mariage avec ma mere, & s'il s'in- » géroit déſormais de ſe mêler en au- » cune façon de ſes affaires domeſti- » ques. A l'égard de ſes amours d'Exceſ- » ter, je n'en ai pas ouï parler depuis.

» Fidele à ſa promeſſe, le Docteur » ſe refuſa à tout ce qu'il exigeoit de » lui. Quelques conditions qui lui fuſ- » ſent propoſées, il réſiſta conſtam- » ment à l'idée de me renfermer dans » un Couvent. Sûr d'être irreprocha- » ble, il mépriſa les menaces de mon » pere, & me continua ſes ſoins &

» ses bontés, comme si j'eusse été sa » propre fille.

» Mon pere, qui étoit le Seigneur » de l'endroit, souleva la plupart des » Paroissiens du Docteur contre lui. » A son instigation, ils refusoient de » lui payer la dîme, & il les soute- » noit dans toutes les insolences & » les injustices qu'ils s'avisoient de lui » faire. Ce digne Ministre, qui croyoit » & pratiquoit véritablement ce qu'il » enseignoit, abandonna son manteau, » après s'être laissé prendre son habit; » &, n'ayant d'activité que pour les au- » tres, il fut bientôt réduit à manquer » lui-même du nécessaire. Pour abréger, » cet excellent homme rendit le der- » nier soupir dans une prison, environ » trois ans après la mort de ma mere, » & il auroit manqué de tout sur la fin » de ses jours, sans l'attachement de » son neveu qui, devenu Capitaine, » se priva de la plus grande partie de » son revenu pour le faire vivre, aussi » bien que moi. Car ce vertueux gar- » çon m'avoit mise en pension chez

» la femme du Clerc de la Paroiſſe.

» Durant ſa détention, jamais l'impatience ou le reſſentiment n'éclaterent en lui par des murmures contre l'auteur de ſes ſouffrances, ni contre l'état miſérable où il étoit réduit. Jamais il ne ceſſa, dans ſes derniers momens, de conſoler les compagnons de ſa captivité, & de les exhorter à porter leurs croix avec réſignation, avec joie, & à pardonner à leurs oppreſſeurs.

» Tandis que le Docteur tenoit maiſon, nous voyions ſouvent ſon neveu qui paſſoit quelquefois des mois entiers avec nous. Depuis l'empriſonnement de ſon oncle, il venoit fréquemment me voir où je demeurois. C'étoit un honnête & agréable jeune homme. Nous conçûmes inſenſiblement de l'amour l'un pour l'autre, & peu de temps avant la mort de ſon oncle, il lui demanda ſon agrément pour m'offrir ſa main & ſon cœur.

» Le ſaint homme fut charmé de

» cette ouverture : il me dit, en m'en
» parlant, que, quand ſon appui me
» manqueroit, il faudroit ou me jetter
» dans le monde pour y gagner ma
» vie dans une condition ſervile, ce
» qu'il croyoit également dangereux
» & humiliant pour moi ; ou bien plai-
» der contre mon pere pour avoir ma
» ſubſiſtance qu'il me refuſeroit, ſans
» doute, à moins que je ne vouluſſe
» prendre le parti du Couvent, & re-
» noncer à la foi de mes peres.

» Par rapport à ſon neveu, il me dit
» obligeamment qu'il me croyoit capa-
» ble de faire ſon bonheur, & que je
» deviendrois peut-être, par événe-
» ment, une occaſion de fortune pour
» lui, ſoit que mon pere mourût, ſoit
» qu'il vînt à reſipiſcence. J'avoue que
» je reçus la propoſition avec joie, &
» que mes levres prononcerent volon-
» tiers un conſentement que mon cœur
» avoit déjà donné. Mon tuteur, mon
» protecteur, qui m'étoit plus que mon
» pere, vit dans notre union l'accom-
» pliſſement de ſes deſirs. Ses mains

» mourantes joignirent les nôtres, & » après avoir eu cette consolation, il » s'endormit dans le Seigneur.

» Je fus la plus heureuse de toutes » les femmes pendant trois ans. Je » trouvois dans mon mari tout ce que » je pouvois souhaiter. Cet enfant que » vous avez vu faisoit mes délices. » Jamais il n'y eut entre nous le moin- » dre nuage, la moindre humeur, la » moindre contradiction. J'étois trop » bien partagée ; la Providence me » remit au niveau des autres : elle » m'enleva mon mari de bonne heure, » sans doute, pour lui donner plutôt » la récompense de ses vertus.

» Quoiqu'élevée avec un modele aussi » parfait devant les yeux que le Doc- » teur, quoique nourrie dans l'école » de l'adversité, je succombai à cette » épreuve. Mon ame oppressée tomba » dans une espece de léthargie. Les » grandes peines d'esprit sont sourdes » à la raison. La voix de la Religion » seule peut toucher une ame que le » malheur aigrit, & rend insensible

aux

» aux plaiſirs, aux amuſemens, aux » conſolations & à tous les remedes » que lui offre la terre. Relevée par » l'eſpérance de goûter un bonheur » ſans fin avec celui dont je pleurois » la perte, je retirai mes yeux humides » du tombeau ſur lequel ils étoient » fixés, pour les tourner vers le Ciel. » Je demandai à Dieu de plier mon » ame indocile aux ordres ſuprêmes » de ſa volonté, & de ſoumettre ces » paſſions aſſez folles & aſſez aveugles » pour lui oppoſer une vaine réſiſtance. » Ma priere fut exaucée. Depuis ce » moment de pieuſe réflexion, il n'eſt » ſorti de ma bouche ni plaintes, ni » murmures. J'attends patiemment & » avec une humble confiance, qu'il » plaiſe à Dieu de m'ôter de cette val- » lée de douleur.

» J'avoue cependant que ma réſigna- » tion feroit plus complette, ſi je n'a- » vois un poids qui m'incline conſtam- » ment vers la terre. Cet enfant que » j'aime affoiblit mon ardeur pour le » Ciel, & ſi j'étois à la veille de faire

» le grand voyage de l'éternité après » lequel je ſoupire depuis long-temps, » je craindrois que l'incertitude où je » ſuis ſur le ſort qui l'attend, ne me » fît trembler.

» Une ame bien réglée ne connoît » pas de vuide. La tendreſſe mater- » nelle a pris la place du chaſte amour » conjugal, &, dans le doux exercice » de mes affections, je vis à l'abri des » chagrins qui rongent l'ame, & des » tranſports qui la déchirent.

» L'endroit où je vis eſt un Fief » que mon grand-pere maternel acheta » lors de ma naiſſance pour le temps » de ſa vie, de celle de ma mere & » de la mienne. Sa femme étoit morte » quelque temps auparavant. Il con- » ſiſte dans cette chaumiere, un petit » coin de terre labourable, un enclos » de pâturage & un petit jardin, le » tout ne rapportant que fort peu de » rente; il étoit affermé à un Tenancier » amovible à volonté, lorſque je me ma- » riai. Je vins y réſider avec mon mari » qui l'habitoit, autant que ſon devoir

» militaire le comportoit, & c'eſt ici » qu'il m'a laiſſée, lorſqu'il eut ordre » de partir avec ſon Régiment pour » la derniere guerre où il fut tué.

» Le produit de ce petit bien, avec » ma penſion comme veuve d'un Ca- » pitaine, eſt tout ce que j'ai pour » l'entretien de mon fils & le mien, » auquel je ne pourrois ſuffire, ſans » l'attention & l'économie la plus ſtricte. » Encore ces petits revenus dépendent- » ils de ma vie que je ne tiens que » précairement. Mais je me confie à » la Providence pour lui ſubſtituer un » autre appui, quand il perdra le mien.

» Jugez à préſent, continua-t-elle, » jugez, malheureuſe étrangere, ſi je » ne ſuis pas en droit de parler de la » réſignation & de la Religion, comme » d'un baume ſouverain dans les » malheurs ».

J'avois écouté ſon hiſtoire attentivement & ſans l'interrompre : mes larmes avoient coulé avec les ſiennes, & la ſenſibilité à mes propres maux avoit été ſuſpendue par l'intérêt que je prenois à ce qu'elle avoit eu à souffrir. Quand elle eut fini, j'admirai sa vertu en silence ; & c'étoit-là où devoit se terminer notre sympathie ; car elle pouvoit se réjouir dans ses afflictions passées, mais les miennes devoient toujours durer.

Je restai six jours chez cette sainte femme, ce modele vivant de patience, qui, pour me servir de l'expression de Shakespear, souscrivit à la douleur. Je ne me fis pas connoître, & je partis de chez elle sans qu'elle eût la moindre envie de savoir qui j'étois.

Je poursuivis mon voyage vers le Comté de Flint fort lentement & comme je pus. En approchant de la paisible habitation de ma mere, j'anticipois sur l'horreur qu'elle alloit ressentir en apprenant ma situation. Je me regardois comme une pestiférée qui alloit porter la contagion dans le sein qui l'avoit nourrie. Mes pressentimens à cet égard ne furent que trop vrais.

Ses premiers mouvemens, en me voyant, furent ceux de l'amour & de la joie. Elle s'écria tendrement, en m'embraſſant : « M. W.... s'eſt donc » laiſſé fléchir juſqu'à permettre à ma » chere fille de me voir » ! Confondue par une bonté dont j'étois indigne, je tombai par terre ſans proférer un ſeul mot. Mes larmes furent la ſeule réponſe que je fis à ſes careſſes & à ſes queſtions.

Elle fut vivement allarmée. « Nous » avons, me dit-elle, connu l'affliction » toutes les deux ; mais ſûrement elle » ne devroit pas vous fermer la bouche » avec ceux qui voudroient partager » & adoucir vos peines, ni vous ren- » dre inſenſible à mon amour ».

Je pris ſa main vénérable, je la ſerrai contre mon cœur, & je m'efforçai vainement d'articuler. Je reſtai pluſieurs heures dans cet état. A la fin, la parole me revint ; &, me jettant à ſes genoux, je ne pus jamais me réſoudre à quitter cette poſture de pénitente juſqu'à ce que je lui euſſe fait, en entier, l'horrible narré que vous venez de lire.

Tâchez, mon cher frere, de détourner votre pensée de ce qu'elle souffrit pendant le récit de ma tragique histoire. Cette femme, vraiment vertueuse & presque impeccable, avoit pitié du coupable, tandis qu'elle détestoit le crime. Elle ne parla que de paix & de pardon à mon cœur désolé, & jusqu'au dernier moment de sa vie (car hélas! elle ne vit plus), elle eut la double constance de me cacher son affliction & d'adoucir la mienne.

Lorsque nous fûmes couchées, & au moment même où j'allois m'endormir d'épuisement & de fatigue, nous entendîmes frapper rudement à la porte de la maison. Ceux qui logeoient avec nous refuserent d'ouvrir, à moins que les gens qui vouloient entrer ne déclarassent leur mission ; mais ceux-ci s'obstinerent à n'en rien faire. Ils aimerent mieux enfoncer la porte avec un marteau d'enclume qu'ils avoient envoyé chercher.

Ma mere & moi n'avions eu que le tempsde paſſer une robe, lorſqu'un drôle de fort mauvaiſe mine, ſuivi de deux autres coquins, entra dans notre chambre, tenant d'une main une chandelle & de l'autre un piſtolet. A leur aſpect, nous offrîmes auſſitôt de leur abandonner tous nos effets, & de ne faire ni réſiſtance, ni pourſuite contr'eux. Ils parurent très-offenſés de cet accueil, & nous répondirent qu'ils dédaignoient toute eſpece de violence qui ne pouvoit être juſtifiée par les Loix.

Le chef de la bande me dit qu'il étoit Intendant de M. W.... qui l'avoit dépêché dès le lendemain de l'aſſaſſinat de Sir Thomas L.... & de ma fuite, avec un ordre de m'arrêter comme auteur de ce meurtre, & des inſtructions pour venir me chercher & m'attendre dans ce village, parce qu'il étoit naturel de ſuppoſer qu'après mon crime je ne manquerois pas de m'y réfugier chez ma mere. Il ajouta qu'il avoit fait des informations tout le long de la route, pour ſavoir ce que j'étois devenue, & que depuis pluſieurs jours il guettoit mon arrivée.

Rien de comparable à l'horreur & à l'étonnement qui nous ſaiſirent ma mere & moi; je la plaignois cependant plus que moi-même. Laſſée d'être le jouet de l'infortune, je ſouhaitois de mourir, pourvu que ce ne fût pas avec ignominie, & j'étois fâchée de voir que la violence avec laquelle ces trois hommes étoient entrés, n'aboutiſſoit, pour l'inſtant, à rien qui reſſemblât à un attentat contre ma vie. Je ne craignois rien de cette injuſte pourſuite. Mais l'idée de comparoître en juſtice & de paſſer par l'épreuve des Jurés, me révoltoit extrêmement. Je réfléchis heureuſement ſur les divines maximes & les admirables ſentimens de ma charitable caſaniere, & ſes exemples & ſes préceptes me firent une impreſſion ſalutaire.

L'Intendant retourna dans ſon auberge pour faire venir une chaiſe de poſte, & m'emmener à Exceſter. C'étoit le lieu des assises qui devoient se tenir bientôt. Il nous laissa ses deux satellites pour gardes, afin que nous ne pussions nous échapper. Ma mere, qui étoit tombée sur le lit à la vue d'une si étrange procédure, se tourna vers moi qui restois-là sans parole & sans mouvement. Après une minute de silence, elle s'écria : « J'irai avec vous, » je mourrai avec vous, nous ne nous » séparerons jamais ». Je me jettai à côté d'elle, nous nous embrassâmes, & nos bras demeurerent entrelacés jusqu'au lendemain matin qu'il fallut partir.

Nous fîmes le voyage aussi promptement qu'il plut à nos conducteurs; nous essuyâmes de leur part en chemin toutes les indignités & les insolences par où la canaille a coutume de signaler son empire sur les gens au-dessus du commun, quand il lui arrive d'avoir quelque autorité sur eux. Je ne m'en ressentis que par la sympathie que javois avec ma mere. Car, pour moi, je recevois volontiers toutes les humiliations & les mortifications qui ſe préſentoient, deſirant toujours d'en rencontrer de plus fortes & de plus méritoires.

Notre arrivée à Exceſter nous délivra enfin de l'oppreſſion. [illegible] On nous mena droit chez le Schériff ſous la garde duquel on nous laiſſa ; car ma mere ne vouloit point me quitter, & proteſtoit que la même priſon & le même tombeau nous enfermeroient toutes deux. Ce Magiſtrat, rempli d'humanité, ſe conduiſit envers nous avec toute la politeſſe & l'affection poſſible. Il nous offrit toutes les ſortes de rafraîchiſſemens & de commodités que ſa maiſon pouvoit fournir ; & la ſeule contrainte qu'il nous impoſa, fut l'inſtante priere qu'il me fit d'y prendre le meilleur appartement, & d'engager ma mere à partager avec moi l'hoſpitalité qu'il étoit charmé d'exercer dans cette occaſion. Après ce compliment, il nous fit la révérence & ſe retira.

Nous le vîmes bientôt reparoître

pourn ous annoncer un Gentihomme qu'il nous dit avoir une affaire à nous communiquer. Il se retira de nouveau, & le Gentilhomme entra. Mais quelle fut ma confusion, quand je l'entendis se nommer le Capitaine R. . . . ! Je me trouvois devant le confident de ma honte ; mon jugement commençoit déjà, & j'étois précisément affectée, comme si j'avois comparu devant les Juges.

Rien de plus honnête & de plus compatissant que ce galant-homme. Il entra dans mon embarras, & ayant à peine osé lever les yeux sur moi, il fut droit à ma mere, qu'il vit les larmes aux yeux, & lui dit de se rassurer sur mon compte, parce qu'il avoit déjà mis mon innocence dans un si grand jour, que je ne serois point citée à comparoître. Il ajouta que dès ce moment je pouvois me regarder comme parfaitement libre de l'action intentée contre moi. Il nous dispensa de le remercier, & s'adressant à moi, sans cependant me regarder, il pourſuivit ainſi :

« Pour vous inſtruire de l'état ac-
» tuel de cette malheureuſe affaire,
» il eſt néceſſaire, Madame, que je
» vous raconte ce qui s'eſt paſſé dans
» le cours régulier de la procédure
» depuis que j'ai ſu l'évènement par
» un billet anonyme. Je devinai, ſans
» peine, quel étoit l'auteur du billet
» & celui de la tragédie. Sur les in-
» dices que j'avois, j'allai auſſitôt faire
» ma dépoſition chez un Magiſtrat du
» voiſinage, & muni de la force & de
» l'autorité convenable, je courus
» droit au Château W....

» J'entrai ſans difficulté, & je dé-
» clarai ma commiſſion à M. W....
» Il vous chargea formellement, al-
» léguant votre fuite en preuve, & il
» dit qu'il venoit de dépêcher tout-à-
» l'heure du monde à votre pourſuite,
» avec un ordre de vous prendre &
» de vous mettre entre les mains de la
» Juſtice. Pour rendre ſon accuſation
» plus vraiſemblable par les circonſ-

» tances, il me fit monter dans la » chambre où le corps étoit étendu, » me montra le pistolet déchargé posé » sur le lit, & le sang qui avoit taché » la couverture en divers endroits.

» Je pleurai sur le corps de mon » ami. Ensuite me tournant vers M. » W.... je lui montrai le billet que » j'avois reçu, & lui demandai s'il » reconnoissoit la main qui l'avoit » écrit. Oui, me répondit-il sur le » champ, c'est ma femme; & pour » vous prouver qu'elle est coupable » du meurtre, je ne veux que cette » ligne : *Je n'entends pas demander jus-* » *tice contre son assassin*. Au danger de » qui pensez-vous qu'elle s'interessât » si fort ? Et ne l'auroit-elle pas nom- » mé cet assassin, si elle avoit pu le » faire sans risquer sa propre sûreté?

» Vous me permettrez, Monsieur, » lui répliquai-je, de raisonner à mon » tour sur les circonstances de cette » fâcheuse affaire : en considérant les » parties ensemble & séparément, il » n'est pas difficile de voir ce qui avoit

» amené Sir Thomas ici. Or, de sa- » voir s'il est plus naturel que le meur- » tre ait été commis par une maîtresse » passionnée ou par un mari jaloux, » c'est une question qu'il convient » mieux de discuter dans une Cour » de Justice, que chez vous. C'est » pourquoi, n'ayant d'autre préten- » tion que d'agir ministériellement » dans cette occasion, je vous arrête, » au nom de la Justice, vous & tout » votre domestique, pour être exa- » minés & jugés séparément & con- » jointement sur le fait de ce meurtre.

» M. W.... parut étonné de ce » discours. Il éleva la voix, & fit mine » de se mettre en defense. Je lui pré- » sentai un pistolet, & lui montrant » le corps de Sir Thomas, je lui criai : » Point de résistance, Monsieur, ou » voilà le sort que vous aurez. » Il se rendit alors prisonnier avec » tous ses gens. Après avoir fait met- » tre décemment le corps de mon ami » sur le lit, donné ordre à ses domes- » tiques d'y veiller, & chargé l'Ecclé-

» ſiaſtique de la Paroiſſe des funérail-
» les, j'eſcortai M. W.... & ſon
» monde juſqu'à la priſon de cette
» Ville, où ils ſont enfermés depuis.

» A l'interrogatoire du Schériff,
» l'évidence perça tout d'un coup par
» le témoignage d'une femme qui
» diſoit vous avoir ſervie. Pour ſe
» ſauver elle-même, elle chargea ſon
» Maître. Elle dépoſa qu'il étoit venu
» ſecrettement le ſoir au Château,
» qu'il lui avoit défendu d'en rien
» dire à ſa Maîtreſſe, qu'il lui avoit
» parlé d'un rendez-vous entre Sir
» Thomas & ſa femme pour ce même
» ſoir, & qu'à l'heure où il penſa qu'ils
» pouvoient avoir ôté la lumiere, il
» l'avoit menée avec lui dans la cham-
» bre où ils étoient, pour qu'elle fût
» témoin de la ſcene qui alloit, diſoit-il,
» autoriſer ſon divorce; mais qu'ayant
» été trompé dans ſon attente, &
» allarmé par le mouvement que fit
» Sir Thomas pour tirer ſon épée,
» il avoit lâché ſon coup de piſtolet,
» & l'avoit étendu par terre.

» M. W.... n'interrompit & ne » contredit en rien la déposition de » cette femme. Il dit seulement qu'il » croyoit son action suffisamment justi- » fiée par les loix de la conscience, » & qu'il ne demandoit d'autre in- » demnité que la justice sans faveur.

» Voilà, Madame, continua-t-il, » où nous en sommes à présent. A » l'égard de votre arrêt de prise-de- » corps, je l'ai fait surseoir avant » que vous arrivassiez dans cette Ville, » parce qu'il n'étoit fondé sur aucune » présomption ; & j'ai donné caution » pour votre comparution au Juge- » ment où vous confirmerez la dépo- » sition de votre servante ».

Jusques-là, je m'étois tenue appuyée sur mon bras, couvrant de ma main mon visage, mes larmes & ma honte. Mais quand j'entendis les dernieres paroles du Capitaine R.... j'oubliai toute retenue. « Non, dis-je en me » levant brusquement, non, Monsieur, » cela ne peut pas être, cela ne sera » pas. Jamais je ne témoignerai pu-

» bliquement contre mon mari. Vous » pouvez me traîner devant les Juges ; » mais il n'eſt aucune violence qui » puiſſe m'arracher une parole, quand » j'y ſerai. Je ſais que la Juſtice eſt » un devoir ; mais il y a des ſituations » qui diſpenſent de le remplir. Nous » ne pouvons être obligés en même » temps par des devoirs incompati» bles ; & j'ai déjà trop manqué aux » miens envers mon mari, pour y » ajouter cette nouvelle injure, la » plus atroce qu'on puiſſe imaginer. » Quand la mort devroit être le prix » de mon ſilence, j'aime mille fois » mieux mourir que de l'accuſer ».

Le Capitaine R. . . . parut frappé de mes ſentimens dans une occaſion ſi critique. Il me promit de conſulter cette nuit même les Gens de Loix, pour ſavoir ſi on pourroit ſe paſſer de mon témoignage, & de revenir le lendemain matin. Il prit enſuite congé, & nous laiſſa ma mere & moi gémir & pleurer le reſte de la nuit.

Il vint nous retrouver le lendemain.

Son Conſeil avoit décidé que, comme il étoit le pourſuivant, il pouvoit n'employer de témoins que ceux qu'il voudroit, ſurtout dans le cas où le fait étoit ſuffiſamment éclairci. Nous le remerciâmes, de tout notre cœur, de ſa bonté & de ſa politeſſe. Dès qu'il fut ſorti, nous louâmes une chaiſe, & nous reprîmes la route du Comté de Flint. Nous ne pouvions nous éloigner trop tôt d'une Ville devenue pour nous le théâtre de tant d'horreurs.

Ma mere ne put réſiſter à la peine d'eſprit & à la fatigue du corps qu'elle venoit d'eſſuyer. Dès que nous eûmes regagné ſon habitation, la fievre la prit; elle ſe mit au lit, & n'en releva plus. Mes larmes, mes prieres & mon empreſſement à la ſervir durant ſa maladie ne purent me la conſerver. Elle bénit ſes enfans ; elle me bénit moi-même en particulier, & expira dans mes foibles bras. En elle, je ne perdis pas ſeulement la meilleure des meres, mais la ſeule amie & la ſeule conſolation que j'avois dans le monde.

Il sembloit que le sort n'eût plus de rigueur à exercer sur moi. Mais la mesure n'étoit pas comblée. Deux jours après la mort de ma mere, je reçus un billet du Capitaine R.... à qui l'Intendant de M. W.... avoit dit ma demeure : il me rendoit compte des faits que M. W.... articuloit pour sa défense. J'y appris que l'ouvrier que j'avois chargé de porter ma lettre à Sir Thomas, avoit confié mon secret au Jardinier, que le Jardinier l'avoit dit à sa femme qui étoit la servante même apostée pour épier mes actions ; que celle-ci prit la lettre des mains de mon commissionnaire, la mit sous enveloppe à l'adresse de son Maître, & la lui envoya par ce même Messager infidele.

M. W.... l'ayant reçue, l'ouvrit & en tira une copie qu'il fit collationner par le porteur. Il la recacheta ensuite, & l'envoya en original à Sir Thomas par un autre homme, qui fit comme s'il venoit du Château de W.... Il ne voulut pas se servir du mien, de crainte qu'il ne le trahît à ſon tour. La même manœuvre fut employée pour la réponſe qu'il me renvoya par mon propre courrier.

Tel eſt l'expoſé que fit M. W.... pour ſa juſtification. Il y joignit des copies authentiques des deux lettres, & adreſſa le tout à Londres à un Juriſconſulte célebre, pour avoir ſon avis. Il demandoit ſi, dans le cas d'une telle aſſurance de ſon propre déshonneur, & où l'adultere étoit ſurpris avec une femme, les Loix n'accordoient pas quelque indulgence aux tranſports & au reſſentiment du mari léſé.

L'Avocat répondit que ces conſidérations avoient été miſes quelquefois ſous les yeux des Jurés pour exténuer le crime d'un mari, mais que c'étoit ſeulement quand il ne paroiſſoit pas avoir prémédité ſon coup ; que M. W.... ſe trouvoit dans un cas tout différent, puiſque, de ſon aveu, il avoit ſu le rendez-vous ; qu'il en avoit été lui-même le promoteur, en arrangeant toutes choſes pour qu'il ne manquât point ; & qu'il avoit fait plus de cent milles, avec une malice réfléchie, pour prendre Sir Thomas en flagrant délit. De toutes ces circonſtances, il concluoit que M. W.... devoit être regardé par les Loix, non comme un mari offenſé, mais comme un aſſaſſin de propos délibéré.

Cette Conſultation ôta tout eſpoir à M. W.... Si les articles mentionnés dans ſon expoſé avoient pu être ſouſtraits à la connoiſſance de la Cour, il auroit peut-être encore trouvé le moyen d'échapper. Mais le Commiſſionnaire qui avoit porté les deux lettres, ſe trouvoit parmi les priſonniers arrêtés pour le meurtre : il avoit comparu & tout déclaré : ce qui mit M. W.... au déſeſpoir. Le Capitaine R.... finiſſoit par me dire que, tranſporté de rage, il s'étoit tué lui-même dans les priſons la veille des Aſſiſes.

Quoique préparée à la mort de M. W.... la maniere dont elle étoit arrivée me pénétra d'épouvante &

d'horreur. Ce fut pour ma foible constitution l'assaut le plus rude & le plus violent qu'elle eût jamais essuyé. Depuis ce moment fatal, mon cœur, destitué de tout secours humain, est courbé & flétri sous le poids de sa charge. Mon visage hâve & défiguré, & mes nerfs languissans me font espérer ma prochaine délivrance, & je présume que tous mes maux finiront avec le triste récit que j'en fais.

La premiere chose à laquelle je songeai après ce funeste évènement, ce fut au fruit que pouvoit en retirer, pour elle & son aimable enfant, l'humaine & charitable hotesse qui m'avoit si bien reçue & si bien consolée dans sa cabane. J'eus la satisfaction d'apprendre, avant de quitter le Royaume, qu'elle avoit suffisamment établi le mariage de sa mere, pour être envoyée en possession du Château de W.... comme unique héritiere de sa fortune & de ses biens qui étoient considérables.

Je ne me fis point connoître à elle,

parce que, dans notre position respective, il ne pouvoit plus y avoir de liaison entre nous. Mais, comme j'avois droit, par mon contrat de mariage, à un douaire de quatre-cents livres sterling de rente, je mis le contrat qui étoit resté à ma mere entre les mains d'un Procureur de Chester, pour faire valoir mon hypotheque. On m'accorda sans difficulté la pension qui m'étoit dûe. Dès qûe j'en eus touché le premier paiement, je quittai l'Angleterre pour jamais, & je vins en France avec la résolution d'y passer ma vie dans un Couvent.

J'avois commencé ce récit avant de quitter l'Angleterre, & je l'ai continué depuis que je me suis expatriée. Si je vis encore assez pour aller à Paris, je le mettrai à la Compagnie des Indes, pour qu'il vous soit envoyé. Je me propose de pousser plus loin, & de fixer ma résidence dans quelque Province éloignée de ce Royaume. Hors d'état de continuer ma route, voilà deux jours que je reste ici dans le plus grand abbattement & la plus mauvaiſe ſanté.

Adieu, mon cher frere. Que les Anges tutélaires vous accompagnent; qu'ils vous gardent & conduiſent vos pas dans les ſentiers de la vertu. Je ſens que je m'affoiblis à chaque ligne que j'écris, & je penſe être à la fin de mon voyage & de mes malheurs. Mon dernier ſoupir ſera pour prier le Ciel & vous de me pardonner. Adieu encore une fois, adieu pour jamais; car j'eſpere n'être pas en vie demain.

Fin de la premiere Partie.

www.ingramcontent.com/pod-product-compliance
Ingram Content Group UK Ltd.
Pitfield, Milton Keynes, MK11 3LW, UK
UKHW021139260726
13994UKWH00001B/215